¡Así leemos!

A multilevel Spanish reader

Glencoe

New York, New York   Columbus, Ohio   Chicago, Illinois   Peoria, Illinois   Woodland Hills, California

Photo Credits

Cover i (t)Digital Stock, (c)Larry Hamill, (b)EyeWire; **1** Larry Hamill; **24** James Marshall/CORBIS; **58** Artville; **64** PhotoDisc; **71** Digital Stock; **74 84 93** CORBIS; **99** CORBIS/Bettmann; **102** CORBIS; **110** Gianni Dagli Orti/CORBIS; **123** CORBIS/Bettmann; **126** CORBIS; **134** CORBIS/Bettmann; **136** Archivo Iconográfico, SA/CORBIS; **139** CORBIS.

 Glencoe

The *McGraw·Hill* Companies

Send all inquiries to:
Glencoe/McGraw-Hill
8787 Orion Place
Columbus, OH 43240-4027

ISBN :   0-658-01740-3
Printed in the United States of America
 12 13 14 15   VRS   13 12 11 10

Introducción

¡**A**sí leemos!** is a revision of the former Easy Spanish Reader. It can be used from the first few weeks of Spanish studies to the third year and beyond. It contains three sections, **Enrique y María, Historia de México,** and **Lazarillo de Tormes.** The readings in each section are followed by activities. When a word appears that students may not know, it is glossed in the margin. A **Repaso** appears after each group of four to seven chapters in Sections 1 and 2. In addition, crossword puzzles accompany each **Repaso** in Section 1.

Section 1 tells the story of Enrique and María, two high school students in the United States. María's favorite subject is Spanish and she frequently practices with her good friend Enrique, who is from Spain. We follow Enrique and María as they attend Spanish club meetings, go to movies, parties, and lectures. The stories in Section 1 expand students' knowledge of vocabulary, expose students to a variety of cultural and historical information, and give students confidence in reading in Spanish.

Section 2 presents a brief overview of the history of Mexico. Other readers published by Glencoe/McGraw-Hill such as **Leyendas de Puerto Rico, Leyendas cubanas, Relatos latinoamericanos,** and **Leyendas de España** provide an introduction to other parts of the Spanish-speaking world. This reader allows students a more in-depth look at some of the important parts of Mexican history that they may encounter in later studies in Spanish and in other disciplines as well.

In Section 3 students will read an adaptation of **Lazarillo de Tormes,** a well-known work of Spanish literature. This story provides exposure and practice in reading literature in Spanish. It will build students' confidence about their reading ability and serve as an introduction to the great literary tradition of the Spanish-speaking world.

This multilevel Spanish reader provides an introduction to culture, history, and literature of regions of the Spanish-speaking world as well as extensive reading practice in Spanish. We hope ¡**Así leemos!** will be an exciting addition to your Spanish curriculum!

Contenido

Primera parte
Enrique y María

Segunda parte
Historia de México

Contenido

Tercera parte
Lazarillo de Tormes (Adaptación)

Enrique y María

Enrique y María

ꮐꮐꮐ

Enrique y María son amigos. Enrique es de España. Él es español. María es de los Estados Unidos. Ella es estadounidense. El apellido° de Enrique es Pereda y el apellido de María es Thompson.

apellido *last name*

Enrique y María son alumnos° en el Colegio° Glenview. Son muy buenos alumnos. Estudian y aprenden° mucho.

alumnos *students*
Colegio *High School*

aprenden *they learn*

Después de leer

A Answer in complete sentences.

1. ¿De qué nacionalidad es Enrique, español o estadounidense?
2. ¿De dónde es María, de España o de los Estados Unidos?
3. ¿Son amigos Enrique y María?
4. ¿Cuál es el apellido de Enrique?
5. ¿En qué colegio estudian Enrique y María?

B Word Study

Word families consist of words that are related in spelling and meaning. For example, **España** and **español.** What is another word associated with each of the following nationalities?

1. cubano
2. mexicano
3. argentino
4. chileno

2 Los estudios

ꬹꬹꬹ

El Colegio Glenview está en una ciudad pequeña° de los Estados Unidos. Enrique y María son alumnos del cuarto año° de secundaria°. Es su último año. Estudian mucho para prepararse para la universidad. Son muy estudiosos.

ciudad pequeña *small city*
cuarto año *fourth year*
secundaria *high school*

En el colegio hay° muchos alumnos que estudian español. María es alumna del cuarto año de español. María y sus compañeros° del cuarto año tienen mucho interés en la literatura. Estudian la literatura española y latinoamericana.

hay *there are*

compañeros *classmates*

Los alumnos del cuarto año conversan mucho en español. Como° Enrique es español, María practica con él. Hablan de varios temas. Ella habla muy bien.

Como *Since*

Después de leer

A **Answer in complete sentences.**

1. ¿Dónde está el Colegio Glenview?
2. ¿Estudian mucho Enrique y María?
3. ¿En qué tienen mucho interés María y sus compañeros?
4. ¿Con quién practica el español María?
5. ¿María habla bien el español?

B **Word Study**

In the reading, find the opposite of the following words.

1. primero	3. muy mal	5. desinterés
2. primaria	4. poco	6. grande

3 La familia de Enrique

La familia Pereda es muy grande y vive en una casa bastante grande. Enrique tiene dos hermanos° y dos hermanas. En la casa de Enrique viven su padre°, su madre°, sus cuatro hermanos y él. Su padre se llama Ramón y su madre se llama Mercedes. Ellos son españoles. Ramón es ingeniero°. Él es muy importante en su trabajo° porque habla inglés y español. Mercedes es profesora de español en un colegio de la ciudad.

Los hermanos de Enrique son alumnos en una escuela primaria°. Ellos hablan inglés y español como° Enrique. En casa, la familia de Enrique habla español.

hermanos *brothers*

padre *father*
madre *mother*

ingeniero *engineer*

trabajo *job*

escuela primaria
  elementary school
como *like*

▲ La familia Pereda en su casa

Después de leer

A **Answer in complete sentences.**

1. ¿Cuántos hermanos tiene Enrique?
2. ¿Cómo se llama el padre de Enrique?
3. ¿Qué es la madre de Enrique, ingeniera o profesora?
4. ¿Por qué es importante en su trabajo el padre de Enrique?
5. ¿Dónde estudian los hermanos de Enrique?

B **Expansion Activity**

Look at the illustration of the Pereda family. Write as much as you can about it.

4 La familia de María

ᴇᴇ

La madre de María es abogada° y el padre de María es médico°. En la familia de María sólo° hay tres personas: el padre, la madre y María. María no tiene hermanos. El padre de María se llama John y su madre se llama Anita. John es un poco estricto, pero también° es cómico. Anita es muy simpática.

En la casa de María siempre° hay visita porque los padres de María tienen muchos amigos. Sus padres tienen muchos amigos estadounidenses, pero también tienen amigos latinoamericanos y españoles.

Los padres de María no hablan español. Sólo hablan inglés. Cuando° Enrique está de visita en la casa de María, él habla inglés con los padres de María. Cuando está con María, él habla inglés y español.

abogada *lawyer*

médico *doctor*

sólo *only*

también *also*

siempre *always*

Cuando *When*

Después de leer

A **Answer in complete sentences.**

1. ¿Tiene hermanos María?
2. ¿Cómo se llama la madre de María?
3. ¿Qué es el padre de María, abogado o médico?
4. ¿Tienen muchos amigos los padres de María?
5. ¿Hablan español los padres de María?

B **Word Study**

In the reading, find the opposite of the following words.

1. serio
2. antipático
3. enemigo
4. mucho

5 La casa de la familia Thompson

᥊᥊᥊᥊᥊᥊᥊᥊᥊᥊᥊᥊᥊᥊᥊᥊᥊᥊᥊᥊᥊᥊᥊᥊᥊᥊᥊᥊᥊᥊᥊᥊᥊᥊᥊᥊᥊᥊

La familia Thompson no es grande, pero vive en una casa bastante lujosa°. En la casa de la familia Thompson hay muchos cuartos°. Tiene una sala y un comedor enormes, una cocina muy grande y moderna, cuatro dormitorios y tres baños°. También hay un dormitorio con baño, sala y cocina para invitados. La casa es hermosa° y tiene unos muebles° preciosos.

    María siempre está en su cuarto. Pero cuando tiene visita, ella habla con sus amigos en la sala. En la sala hay un sofá y unos sillones cómodos°. También hay una televisión con pantalla° grande. María y sus amigos miran la televisión o hablan del colegio y de sus clases.

lujosa *luxurious*

cuartos *rooms*

baños *bathrooms*

hermosa *beautiful*

muebles *furniture*

sillones cómodos *comfortable armchairs*
pantalla *screen*

Después de leer

A **Answer in complete sentences.**

1. ¿Es grande la familia Thompson?
2. ¿Qué cuartos hay en la casa de María?
3. ¿Qué hay en la sala?
4. ¿Dónde habla María con sus amigos?
5. ¿De qué hablan María y sus amigos?

B **Word Study**

1. Often a place is named by describing the activity that takes place there. For example, one *dines* in a *dining room*. What rooms are typically associated with the following activities: **comer, cocinar, dormir?**
2. What does **invitar** mean? What word in the reading means *guests* or *invited ones?*

Enrique Pereda y María Thompson son alumnos en el Colegio Glenview. Enrique es de España y María es de los Estados Unidos. Son muy buenos amigos y muy buenos alumnos también. Ellos son alumnos del cuarto año de secundaria.

El Colegio Glenview está en una ciudad pequeña de los Estados Unidos. En el colegio hay muchos alumnos que estudian español. María es alumna del cuarto año de español. En la clase de cuarto año estudian literatura. Conversan en español también, y María practica con Enrique.

Enrique tiene una familia grande. Tiene cuatro hermanos que son alumnos en una escuela primaria. Su padre, Ramón, es ingeniero. Su madre, Mercedes, es profesora de español. Ellos viven en una casa bastante grande. Los padres de Enrique son de España. Por eso la familia Pereda habla español en casa.

María no tiene una familia grande. Su familia es pequeña. Ella no tiene hermanos. Su padre, John, es médico y su madre, Anita, es abogada. Ellos viven en una casa lujosa. En la casa hay muchos cuartos. En la sala hay sillones cómodos y una televisión con pantalla grande. Cuando hay visita en casa, María habla con sus amigos en la sala. La familia Thompson tiene muchos amigos. Tiene muchos amigos de los Estados Unidos, de España y de Latinoamérica. Sin embargo, los padres de María no hablan español.

Después de leer

1. ¿De dónde es Enrique?
2. ¿De dónde es María?
3. ¿Qué apellido tiene Enrique?
4. ¿Qué apellido tiene María?
5. ¿En qué colegio estudian Enrique y María?
6. ¿Dónde está el colegio?
7. ¿Con quién practica María el español?
8. ¿Cuántos hermanos tiene Enrique?
9. ¿Cómo se llaman los padres de Enrique?
10. ¿Qué profesión tiene su padre? ¿Y su madre?
11. ¿Cómo es la casa de la familia Pereda?
12. ¿María tiene una familia grande?
13. ¿Qué profesión tiene el padre de María?
14. ¿Qué profesión tiene su madre?
15. ¿Cómo es la casa de la familia Thompson?

Crucigrama 1

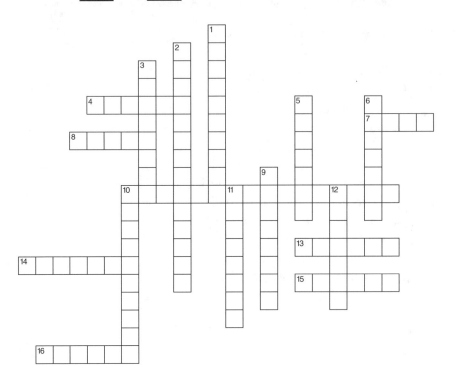

Horizontal

4. En la casa de María, la _____ es muy grande y moderna.
7. En casa, María habla con sus amigos en la _____, no en su cuarto.
8. La familia de Enrique _____ español.
10. Los padres de María tienen amigos _____.
13. Los padres de María sólo hablan _____.
14. En la casa de María, hay un _____ enorme.
15. El padre de María es _____.
16. Los padres de Enrique son de _____.

Vertical

1. Para invitados, la casa de María tiene un _____ con baño.
2. María es de los Estados Unidos. Ella es _____.
3. Los hermanos de Enrique estudian en una escuela _____.
5. La _____ de Enrique es grande. Hay siete personas.
6. Los padres de María no hablan _____.
9. Enrique tiene cuatro _____.
10. Los alumnos de cuarto año tienen interés en la _____ española y latinoamericana.
11. El _____ de Enrique es Pereda.
12. La mamá de María es _____.

6 El Colegio Glenview

El colegio de Enrique y María es enorme.
Hay muchos profesores y alumnos. El colegio
es de ladrillo° rojo y tiene tres pisos°. Hay
numerosas aulas°, una biblioteca moderna, un
salón de actos°, un comedor y despachos° para
los profesores y para la directora° del colegio.

En el colegio se enseñan diversas
asignaturas° como ciencias, matemáticas,
lenguas, historia y ciencias sociales. Todos los
alumnos estudian inglés y muchos estudian
otros idiomas° también.

Este año Enrique estudia historia de los
Estados Unidos, matemáticas, biología, inglés
y música. La asignatura preferida de Enrique
es inglés. Le gusta mucho. María estudia
historia de América del Sur, álgebra, física,
inglés y español. La asignatura que ella
prefiere es el español. Le gusta mucho
practicar con Enrique.

ladrillo *brick*
pisos *floors*
aulas *classrooms*

salón de actos *auditorium*
despachos *offices*
directora *principal*

asignaturas *school subjects*

idiomas *languages*

Después de leer

A Indicate whether each statement is true or false. Correct the false statements.

1. El colegio de Enrique y María no es grande.
2. El colegio es de ladrillo rojo y tiene dos pisos.
3. En el colegio se enseñan diversas asignaturas.
4. La ciencia que Enrique estudia es física.
5. La asignatura preferida de María es álgebra.

B Word Study

Tell whether each subject is categorized as **ciencia,** **matemática,** or **lengua.**

1. la química
2. el latín
3. la física
4. la geometría
5. el cálculo
6. la biología

En la clase

Se habla español en las clases de español. Se habla francés en las clases de francés. Como Enrique no estudia un idioma, él habla inglés en todas° sus clases. Enrique también habla inglés con la mayoría de sus compañeros.

todas *all*

María tiene muchos amigos en el colegio. Ella practica el español con la profesora de español, con Enrique y también con otros compañeros que hablan español.

La profesora de francés es francesa, pero todos los otros profesores del colegio son estadounidenses. Las tres profesoras de español también son estadounidenses.

Después de leer

A **Indicate whether each statement is true or false. Correct the false statements.**

1. Enrique estudia francés.
2. Enrique habla inglés en sus clases.
3. María habla inglés con todos sus profesores.
4. La profesora de francés es estadounidense.
5. Hay dos profesoras de español.
6. Las profesoras de español son estadounidenses.

B **Word Study**

Cognates are words that look alike and have the same meaning, for example **clase** in Spanish and *class* in English. Learning to recognize cognates is very helpful in reading Spanish. There are approximately eight cognates in the reading. Can you find them?

8 La clase de María

ᴇᴇᴇ

La profesora de español de cuarto año es la señorita Alicia Scott. La señorita Scott es estadounidense. Ella es inteligente y habla muy bien el español. También es joven°.

joven *young*

En algunas de las clases de español hay muchos alumnos. Sin embargo,° en la clase de cuarto año no hay muchos. Pocos alumnos estudian cuatro años de español. Sólo los alumnos como María que les interesan mucho los idiomas estudian tres o cuatro años de español.

Sin embargo *However*

En la clase de la señorita Scott, los alumnos leen° un libro de ensayos, una novela y un libro de teatro. También leen *El Quijote* de Cervantes. En la clase se habla español siempre y los alumnos escriben sus redacciones° en español.

leen *read*

redacciones *compositions*

▲ María lee *El Quijote*.

La profesora tiene un amigo chileno que es poeta. A veces° ella lo invita a hablar con los alumnos de su clase. El señor se llama Rafael Hernández. Algunos° alumnos aprenden de memoria los poemas del señor Hernández. A María le gustan los poemas de amor°. A ella también le gusta escribir poemas.

A veces *Sometimes*

Algunos *Some*

amor *love*

Después de leer

A **Choose the answer that best completes each sentence.**

1. La señorita Scott es _____.
   a. francesa   **b.** estadounidense   **c.** mexicana
2. Ella es la _____ de español de cuarto año.
   a. alumna   **b.** poeta   **c.** profesora
3. _____ alumnos estudian cuatro años de español.
   a. Pocos   **b.** Muchos   **c.** Todos los
4. Rafael Hernández es _____.
   a. profesor   **b.** director del colegio   **c.** poeta
5. Algunos alumnos _____ los poemas del señor Hernández.
   a. escriben   **b.** leen   **c.** aprenden de memoria
6. A María le gustan los poemas _____.
   a. de amor   **b.** en español   **c.** en francés

B **Word Study**

What word in the reading corresponds to the following definition?

1. una persona que escribe poemas
2. una persona que aprende
3. una persona que enseña
4. una persona de Chile

9 El aula

ᴇᴇᴇ

En el colegio de Enrique y María hay tres aulas para las clases de español. La clase de cuarto año tiene un aula grande. En el aula hay un escritorio° para la profesora y pupitres° para los alumnos. En el escritorio de la profesora hay tres libros, dos diccionarios, varios lápices y bolígrafos. Cerca del escritorio de la señorita Scott hay un estante° y una mesa con una grabadora°. La señorita Scott graba los poemas de sus alumnos con la grabadora.

En la pared° hay un reloj° enorme, un cuadro° y dos posters. El cuadro es de Miguel de Cervantes, autor de ***El Quijote.*** Los dos posters son de Argentina y Colombia. También en la pared hay tres mapas. Los mapas son de España, México y América Central y América del Sur. Los alumnos usan los mapas mucho cuando estudian geografía.

Los alumnos escriben cartas° a alumnos de otros colegios. Algunos de los alumnos de cuarto año de español escriben sobre° la historia de las naciones de Latinoamérica. La historia de estas naciones es muy interesante para ellos.

escritorio *desk*

pupitres *student desks*

estante *bookcase*

grabadora *tape recorder*

pared *wall*
reloj *clock*
cuadro *painting*

cartas *letters*

sobre *about*

▲ Mapa de la América del Sur

Después de leer

A Indicate whether each statement is true or false. Correct the false statements.

1. En el colegio hay dos aulas para las clases de español.
2. Hay pupitres para los alumnos.
3. En la pared hay posters de vistas de Argentina y Chile.
4. Hay cinco mapas en la pared.
5. Algunos alumnos tienen interés en la historia de las naciones de Latinoamérica.

B Word Study

1. What does **grabadora** mean? What verb in the reading means *to record* or *to tape?*
2. Draw your classroom and label as much as possible.

10 Los aventureros

En el Colegio Glenview hay un club de español que se llama «Los aventureros». Los miembros del club son alumnos avanzados° del español. Los alumnos de tercer° y cuarto año son miembros del club. Los alumnos de habla española° del colegio también son miembros.

avanzados *advanced*
tercer *third*
habla española *Spanish-speaking*

Este año Enrique es el presidente de Los aventureros y una alumna mexicana, Inés, es la vicepresidenta. María es la tesorera° y un alumno de tercer año, Gabriel, es el secretario del club. Los miembros de Los aventureros organizan reuniones° y bailes, cantan y recitan poemas en español. A veces hacen presentaciones para los otros alumnos del colegio.

tesorera *treasurer*
reuniones *meetings*

Los aventureros hacen sus reuniones en la casa de María. A veces hacen sus reuniones después de° clase en el aula de la señorita Scott. Una vez al mes, los miembros del club hacen una actividad social. Algunas veces van a comer a un restaurante mexicano o cubano. Otras veces hacen bailes y fiestas. En todas las actividades que hacen Los aventureros, sólo se habla español. Nunca° hablan en inglés.

después de *after*
Nunca *Never*

▲ **Después de una reunión,
Enrique y María hablan con la señorita Scott.**

Después de leer

A **Answer in complete sentences.**

1. ¿Cómo se llama el club de español?
2. ¿Quiénes son los miembros del club?
3. ¿Quién es el presidente del club?
4. ¿Quién es la tesorera?
5. ¿Qué actividades hacen los miembros del club?
6. ¿Dónde hacen sus reuniones?

B **Word Study**

Find a word in the reading that expresses each of the
following.

1. presentar
2. planear
3. una persona que pertenece a una organización
4. una persona que tiene aventuras
5. el contrario de «antes de»

El colegio de Enrique y María es de ladrillo rojo y tiene tres pisos. Hay numerosas aulas, una biblioteca moderna, un salón de actos, un comedor y despachos para los profesores y para la directora del colegio. En el colegio se enseñan diversas asignaturas como ciencias, matemáticas, lenguas, historia y ciencias sociales. Este año Enrique estudia historia de los Estados Unidos, matemáticas, biología, inglés y música. María estudia historia de América del Sur, álgebra, física, inglés y español.

En las clases de español sólo se habla español. La profesora de español de María es la señorita Scott. En la clase de la señorita Scott, los alumnos leen varios libros.

A veces la profesora Scott invita a un poeta chileno a hablar con sus alumnos. Algunos alumnos aprenden de memoria los poemas del señor Hernández. A María le gustan los poemas de amor. A ella también le gusta escribir poemas.

En el aula de la clase de cuarto año de español, la profesora tiene un escritorio y los alumnos tienen pupitres. En el escritorio de la profesora hay varios libros. En la pared hay un reloj, un cuadro, dos posters y unos mapas.

Enrique y María son miembros de un club de español que se llama «Los aventureros». Los miembros del club son alumnos avanzados del español y alumnos de habla española. Enrique es el presidente del club y María es la tesorera. En todas las actividades que hacen Los aventureros, sólo se habla español. Los miembros nunca hablan inglés durante las reuniones ni durante las actividades.

Después de leer

Answer in complete sentences.

1. ¿Cuántos pisos tiene el colegio?
2. ¿Tiene pocas aulas el colegio?
3. ¿Qué asignaturas se enseñan?
4. ¿Qué estudia Enrique este año?
5. ¿Qué estudia María?
6. ¿Cómo se llama la profesora de español de María?
7. ¿Qué libros leen los alumnos en la clase de María?
8. ¿A quién invita a veces la señorita Scott?
9. ¿Qué escribe esta persona?
10. ¿A María le gustan los poemas?
11. ¿Qué le gusta hacer a María?
12. ¿Qué hay en el escritorio de la profesora Scott?
13. ¿Qué hay en las paredes del aula?
14. ¿Cómo se llama el club de español?
15. ¿Quiénes son los miembros del club?

Crucigrama 2

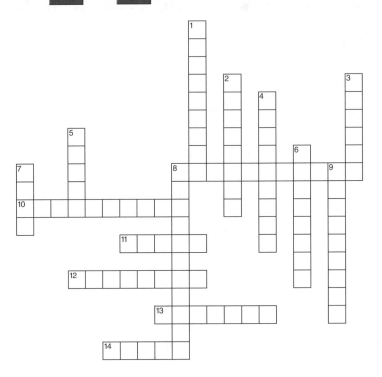

Horizontal

8. Se enseñan diversas _____ en el colegio.
10. Enrique es el _____ del club.
11. El amigo de la profesora Scott es _____.
12. María es la _____ del club.
13. La profesora Scott no habla _____. Habla español.
14. El Colegio Glenview es de ladrillo y tiene tres _____.

Vertical

1. El club hace sus _____ en la casa de María.
2. La ciencia que estudia Enrique es _____.
3. A María le gustan los _____ de amor.
4. Hay _____ para los profesores y la directora.
5. Hay tres _____ para las clases de español.
6. La profesora tiene un escritorio, pero los alumnos tienen _____.
7. En la pared hay un _____ de México y América Central.
8. El club de español se llama Los _____.
9. Los alumnos de tercer y cuarto año de español son alumnos _____.

Luisa, la alumna nueva

ⲉⲉⲉ

En el Colegio Glenview hay una alumna nueva°. Se llama Luisa Miraflores.

nueva *new*

Un día después de clase Enrique y María conversan con Luisa:

—¿De dónde eres? —pregunta María.

—Soy de Puerto Rico, de Ponce —contesta ella.

—¿Tienes hermanos? —pregunta Enrique.

—Sí, tengo un hermano. En mi casa somos seis: mis padres, mis abuelos (los padres de mi madre), mi hermano y yo —responde Luisa.

—En mi casa sólo somos tres: mis padres y yo. No tengo hermanos —dice María.

—Luisa —dice Enrique—, este sábado hay una fiesta para los miembros de Los aventureros. Todos los miembros del club hablan español y las actividades siempre son muy interesantes. ¿Quieres° ir con nosotros?

Quieres *(Do) you want*

▲ Ponce, Puerto Rico

—No sé° —contesta Luisa.

No sé *I do not know*

—Sí, sí, tienes que ir. En las fiestas cantamos y bailamos. ¿Sabes algunas canciones de Puerto Rico? —pregunta María.

—Sí, sé varias canciones —responde Luisa.

—¡Qué bueno! —dice Enrique—. Podemos° aprender tus canciones.

Podemos *We can*

—¿A qué hora es la fiesta? —pregunta Luisa.

—A las siete y media —contesta Enrique—. ¿Puedes ir?

—Quiero ir, pero tengo que hablar primero con mis padres —dice Luisa.

Después de leer

A Indicate whether each statement is true or false. Correct the false statements.

1. Luisa Miraflores es de Perú.
2. Los abuelos de Luisa viven en Puerto Rico.
3. Luisa tiene dos hermanos.
4. Hay una fiesta este domingo.
5. En las fiestas los miembros cantan y bailan.
6. Luisa sabe canciones de Perú.
7. Enrique quiere aprender las canciones de Puerto Rico.
8. Luisa tiene que hablar primero con sus abuelos.

B Word Study

Can you figure out the meanings of the following words? Refer to the conversation in the reading. Match the Spanish word in Column A to its English equivalent in Column B.

A	**B**
1. contestar	**a.** to say
2. preguntar	**b.** to respond
3. responder	**c.** to answer
4. decir	**d.** to ask

12 La mala suerte de Enrique

ᴇᴄᴄᴄᴄᴄᴄᴄᴄᴄᴄᴄᴄᴄᴄᴄᴄᴄᴄᴄᴄᴄᴄᴄᴄᴄᴄᴄᴄᴄᴄᴄᴄᴄᴄᴄᴄᴄᴄᴄ

Hoy Enrique tiene una reunión con la directora del colegio. La reunión es a las tres y media de la tarde.

Enrique llega° al despacho de la directora a las tres y cuarto° y se sienta° a esperar°. Enrique espera unos quince minutos, pero la directora no llega. Después mira el reloj y espera quince minutos más.

La señorita Scott entra en el despacho y conversa con Enrique. Los dos hablan en español sobre las actividades del club Los aventureros. Después de diez minutos, la señorita Scott sale del despacho.

Enrique mira otra vez el reloj. Son las cuatro menos cinco. Ahora está impaciente. A las cuatro, la secretaria de la directora entra en el despacho y empieza° a trabajar° con unos documentos.

A las cuatro y cuarto, Enrique pregunta a la secretaria:

—¿Dónde está la directora? Tengo una reunión con ella, pero ella no está.

—La directora está en el centro° en una reunión de directores —contesta la secretaria.

—Pero, ¿cómo es posible? Yo tengo una reunión con ella esta tarde —dice Enrique.

—Un momento. Voy a mirar la agenda de la directora —contesta la secretaria.

—¿Tú eres Enrique Pereda? —pregunta la secretaria.

—Sí, señora.

—¿Tú tienes la reunión a las tres y media de la tarde?

llega *arrives*

cuarto *quarter*
se sienta *sits down*
esperar *to wait*

empieza *begins*
trabajar *to work*

en el centro *downtown*

—Sí, sí —dice Enrique, que ahora está muy impaciente.

—La hora está bien, pero la reunión es el miércoles, 14 de noviembre. Es mañana —responde la secretaria.

—¡Qué mala suerte°! —dice él.

suerte *luck*

Después de leer

A **Indicate whether each statement is true or false. Correct the false statements.**

1. Enrique tiene una reunión a las tres y media.
2. La reunión es el martes.
3. Enrique espera una hora.
4. Enrique habla con la señorita Scott, la secretaria y la directora.
5. La secretaria dice que la reunión es el martes.
6. La directora está en el centro en una reunión de directores.
7. La secretaria mira la agenda de la directora.
8. La reunión es el 12 de noviembre.

B **Word Study**

Can you guess what each of the following words mean? To help you, find a word in the reading that is related to each.

1. la llegada
2. el asiento
3. el empiezo
4. la entrada

13 Los deportes

ᒧᒧᒧ

Enrique es un joven fuerte° y atlético. Él juega al fútbol y al fútbol americano. Es uno de los mejores° jugadores de fútbol americano del Colegio Glenview. Este año Enrique es el capitán del equipo°. El colegio tiene un equipo muy bueno porque tiene muy buenos jugadores.

> **fuerte** strong
>
> **uno de los mejores** one of the best
>
> **equipo** team

—¿En España y en Latinoamérica también se juega° al fútbol americano? —pregunta María una tarde.

> **se juega** is played

—No mucho. El deporte que más se juega es el fútbol, que aquí se llama *soccer* —responde Enrique—. Aquí en los Estados Unidos, se juega al fútbol americano en otoño° y en invierno°. En otros países° el fútbol es muy popular y se juega todo el año.

> **otoño** fall
>
> **invierno** winter
> **países** countries

—En los países de habla española, el fútbol es el deporte preferido de todos —dice María—. Pero en los periódicos° leo que también se juegan otros deportes que se juegan aquí en los Estados Unidos como el golf, el béisbol y el tenis.

> **periódicos** newspapers

—Sí, los otros países tienen sus propios deportes también. En España la corrida de toros° es un deporte popular.

> **corrida de toros** bullfight

—Tienes razón.° Los jóvenes de cada país tienen sus propios° deportes.

> **Tienes razón.** You are right.
>
> **propios** own

—Sí, pero ahora tengo que ir a practicar. Así tal vez ganamos° el partido este martes —responde Enrique—. Y si ganamos el partido°, ganamos el campeonato° de la ciudad.

> **ganamos** we win
>
> **partido** game
> **campeonato** championship

▲ Enrique juega al fútbol americano con el equipo del colegio.

Después de leer

A Answer in complete sentences.

1. ¿De qué equipo es Enrique capitán?
2. ¿Cuál es el deporte preferido de muchos países?
3. ¿Qué deportes se juegan en los países de habla española y en los Estados Unidos?
4. ¿En dónde es popular la corrida de toros?
5. ¿Qué tiene que hacer Enrique ahora?

B Word Study

What does **jugar** mean? What word in the reading means *player*?

14 El concurso de declamación

⌐⌐

Cada año en la ciudad donde viven Enrique y María hacen un concurso° de declamación de poesía en español. Para este concurso anual, los alumnos de español aprenden de memoria poemas largos° en español. Primero, cada colegio hace un concurso preliminar para escoger° la mejor declamación de cada colegio. Hay varios jueces° de habla española que son los que escogen al alumno o a la alumna que hace la mejor declamación. El alumno que escogen los jueces va entonces al campeonato de la ciudad.

El concurso final es en un colegio de la ciudad y ahí se decide el campeonato de la ciudad. La noche del concurso hay una gran fiesta con música típica de varios países de habla española. Después de esta actividad, los mejores alumnos de cada colegio hacen su declamación. Uno por uno recitan sus poemas. Después, los jueces escogen la mejor declamación y el colegio que gana recibe una gran copa de plata°.

Este año, María es la ganadora del concurso de declamación con el poema *La canción del pirata* del poeta español José de Espronceda. La ganadora recibe la copa de plata.

concurso *contest*

largos *long*

escoger *to choose*

jueces *judges*

plata *silver*

Después de leer

A Indicate whether each statement is true or false. Correct the false statements.

1. El concurso de declamación es cada dos años.
2. Es un concurso de declamación de poesía inglesa.
3. Los alumnos aprenden de memoria poemas largos en español.
4. Sólo hay un concurso final. No hay concursos preliminares.
5. Los jueces que escogen la mejor declamación no hablan español.
6. En el concurso preliminar se decide el campeonato de la ciudad.
7. La noche del concurso hay una gran fiesta.
8. El ganador gana un libro.

B Word Study

What does **ganar** mean? What word in the reading means *winner*?

15 El poema de María

La mejor amiga de Enrique gana el primer premio° en el concurso de declamación. Enrique está muy contento.

premio *prize*

—María, recita unas estrofas° del poema, ¿quieres? —dice Enrique después del concurso.

estrofas *stanzas*

—¿Ahora? —pregunta ella.

—Sí, sí, por favor.

—Entonces, voy a recitar la última° estrofa, primero en español y después en inglés.

última *last*

La canción del pirata

Son mi música mejor aquilones;
el estrépito y temblor
de los cables sacudidos;
del negro mar los bramidos
y el rugir de mis cañones.
Y del trueno
al son violento,
y del viento
al rebramar,
yo me duermo
sosegado,
arrullado
por el mar.
Que es mi barco mi tesoro,
que es mi Dios la libertad,
mi ley la fuerza y el viento,
mi única patria la mar.

—Y ahora en inglés.

Song of the Pirate

My favorite music is the north wind,
The trembling crash of cast-off cables;
The howling of the dismal sea
And the roar of my cannon.
Through the violent sound of the thunderclap
And the bellowing of the wind
I sleep peacefully,
Lulled by the sea.
For my treasure is my ship,
And my God my liberty;
My law, violence and the wind,
My sole fatherland, the Sea.

Después de leer

A Choose the answer that best completes each sentence.

1. María _____ el primer premio en el concurso de declamación.
   a. recita   **b.** juega   **c.** gana
2. María recita unas _____ del poema.
   a. actividades   **b.** estrofas   **c.** declamaciones
3. Enrique pregunta si María quiere _____ el poema.
   a. recitar   **b.** escribir   **c.** estudiar
4. María recita la _____ estrofa del poema.
   a. primera   **b.** tercera   **c.** última
5. María recita primero en _____.
   a. inglés   **b.** español   **c.** la escuela

B Additional Activities

1. Read the poem aloud in Spanish carefully sounding out the words that are unfamiliar to you.
2. What is the poem about? What mood does it suggest? What does the sea represent to the pirate? What does it mean to you? Discuss these questions in small groups or as a class.

16 Estampillas y más estampillas

ꭰꭰꭰ

En una reunión de Los aventureros, los miembros conversan sobre sus pasatiempos° preferidos. La señorita Scott pregunta a Luisa:

pasatiempos *pastimes*

—¿Cuáles son tus pasatiempos preferidos?

—A mí me gusta montar a caballo°. Me gusta cantar y bailar y también leer —responde Luisa.

montar a caballo *go horseback riding*

Eduardo, otro miembro del club, dice:

—A mí me gusta jugar al tenis y soy miembro del equipo de tenis del colegio.

—Yo colecciono estampillas —dice Francisco—. Tengo una colección muy bonita con estampillas de todo el mundo°.

mundo *world*

—¿Tienes estampillas de España y de Latinoamérica? —pregunta la señorita Scott.

—Sí, tengo estampillas de México, España, Argentina, Venezuela, Colombia, Perú, República Dominicana, Costa Rica...

—¡Qué bueno! ¿Por qué no traes° tus estampillas a una de nuestras reuniones? —pregunta la profesora.

traes *you bring*

— ...de Honduras, Guatemala, Bolivia, Puerto Rico, Paraguay... —continúa Francisco.

—A mí me gusta cocinar y montar en moto° —dice Julia—. Yo cocino muy bien también.

moto *motorcycle*

Y Francisco continúa:

— ...de Cuba, Chile, Ecuador, Uruguay, Nicaragua, Panamá. Y también tengo estampillas de Francia, Inglaterra, Irlanda...

—Yo colecciono monedas° y billetes° —dice Luis.

monedas *coins*
billetes *bills*

—¡Qué interesante! —dice la señorita Scott—. Trae la colección a una de nuestras reuniones.

—Sí, mañana, si quieren, puedo traer la colección —contesta Luis.

—Ya es hora de terminar° la reunión —dice la señorita Scott—. Este sábado la reunión va a ser en el restaurante El Taco a las seis de la tarde. El restaurante está en la Sexta° Avenida. Hasta entonces.

Al salir del aula, los miembros oyen° a Francisco que continúa sin parar°:

—Y tengo estampillas de Egipto, Suecia, Israel, Suiza, Rusia, Italia, Grecia, Turquía...

terminar *to finish*

Sexta *Sixth*

oyen *hear*

sin parar *without stopping*

▲ **Estampillas de la colección de Francisco**

Después de leer

A **Answer in complete sentences.**

1. ¿Qué le gusta hacer a Luisa?
2. ¿Quién es miembro del equipo de tenis?
3. ¿Cuál es el pasatiempo preferido de Francisco?
4. ¿Qué le gusta hacer a Julia?
5. ¿Dónde es la próxima reunión?

B **Word Study**

There are thirty-one countries mentioned in the reading. Make a list in Spanish and English and then locate each on a map of the world.

Repaso 3

Enrique y María conversan con Luisa Miraflores. Ella es una alumna nueva en el Colegio Glenview. Luisa es de Ponce, Puerto Rico, y tiene un hermano. En su casa viven sus padres, sus abuelos, su hermano y ella.

Enrique tiene una reunión con la directora del colegio. Él se sienta en el despacho y espera, pero la directora no llega. La señorita Scott entra en el despacho y Enrique habla con ella. A las cuatro y cuarto, Enrique pregunta a la secretaria dónde está la directora. La secretaria contesta que la directora está en una reunión y que la reunión de Enrique es el miércoles y no el martes.

Enrique es un joven fuerte y atlético y es el capitán del equipo de fútbol americano del Colegio Glenview. Enrique conversa con María sobre los deportes que practican los jóvenes en los Estados Unidos y en los países de habla española. Enrique tiene un partido el martes. Si su equipo gana el partido, gana el campeonato de la ciudad.

Este año María es la ganadora del primer premio del concurso de declamación de poesía en español. María gana el concurso con el poema *La canción del pirata* de José de Espronceda. El Colegio Glenview recibe una copa de plata.

En una de sus reuniones, los miembros de Los aventureros hablan de sus pasatiempos preferidos. Francisco habla sin parar de su colección de estampillas.

Después de leer

Answer in complete sentences.

1. ¿De dónde es Luisa Miraflores?
2. ¿Cuántas personas viven en su casa?
3. ¿Con quién tiene Enrique una reunión?
4. ¿Quién entra en el despacho de la directora y conversa con Enrique?
5. ¿A qué hora habla Enrique con la secretaria?
6. ¿Cuándo es la reunión?
7. ¿De qué equipo es capitán Enrique?
8. ¿Qué concurso gana María?
9. ¿Con qué poema gana el concurso?
10. ¿Qué recibe el Colegio Glenview?
11. ¿Sobre qué hablan los miembros de Los aventureros?
12. ¿Cuál es el pasatiempo preferido de Francisco?

Crucigrama 3

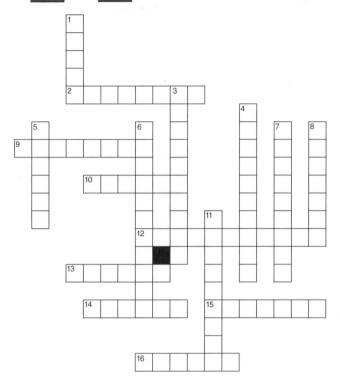

Horizontal

2. Enrique es fuerte y _____.
9. María es la _____ del concurso.
10. Los aventureros van a un restaurante este _____.
12. Francisco tiene una colección grande de _____.
13. Eduardo es miembro del _____ de tenis.
14. Es una declamación de _____.
15. Enrique es el _____ del equipo.
16. El _____ es un deporte muy popular en muchos países.

Vertical

1. La copa es de _____.
3. Si ganan el partido, ganan el _____.
4. Luisa es de _____.
5. Enrique va al despacho de la directora el _____.
6. Los miembros hablan de sus _____ preferidos.
7. La reunión con la directora es el _____.
8. Luisa vive con sus padres, su hermano y sus _____.
11. Enrique juega al fútbol _____.

17 Escribir a un amigo español

🎀🎀🎀

En una de las reuniones de Los aventureros, Enrique dice que acaba de recibir° un e-mail de un amigo de España.

acaba de recibir *he has just received*

—¿Dónde vive tu amigo? —pregunta María.

—En Málaga —contesta Enrique.

—¿En qué parte de España está Málaga? —pregunta otro miembro del club.

—Está en el sur de España en la costa del Mediterráneo —responde Enrique—. Es una ciudad muy bonita.

—¿Qué dice tu amigo en su e-mail? —quiere saber María.

—Mi amigo me envía° una lista con nombres° y direcciones° de e-mail de chicos y chicas de Málaga que quieren tener correspondencia con jóvenes de los Estados Unidos que estudian español. Hay muchos nombres en la lista. ¿Algunos de ustedes quieren escribir a estos chicos?

envía *sends*

nombres *names*
direcciones *addresses*

Todos los miembros del club contestan que sí. Entonces los miembros del club escogen el nombre del chico o de la chica con quien quieren tener correspondencia.

Los aventureros escriben sus e-mails en la computadora y cuentan° como es su colegio, su casa, su familia, su ciudad y otras cosas interesantes. La profesora Scott corrige estos e-mails y entonces los alumnos los envían.

cuentan *tell*

María escribe a un chico que vive en el centro de Málaga. Él se llama Fernando Castillo.

Después de leer

A Choose the answer that best completes each sentence.

1. Enrique recibe _____.
   a. una nota buena
   b. una carta
   c. un e-mail
2. El e-mail es de un amigo _____.
   a. español
   b. estadounidense
   c. latinoamericano
3. Málaga está en _____.
   a. México
   b. el sur de España
   c. los Estados Unidos
4. El amigo de Enrique envía una lista con nombres y _____ de chicos y chicas.
   a. direcciones
   b. reuniones
   c. computadoras
5. Los chicos de Málaga quieren _____ con los miembros del club Los aventureros.
   a. bailar
   b. jugar al fútbol
   c. tener correspondencia
6. La profesora Scott _____ los e-mails.
   a. escribe
   b. recita
   c. corrige
7. María escribe a _____
   a. Enrique Pereda
   b. Fernando Castillo
   c. la profesora Scott

B Word Study

Correspondencia electrónica is also used to refer to *e-mail*, although the English term is often used.

18 El e-mail de María

ㄹㄹ

To:	fernando_castillo@malagcorresp.es
From:	maria_thompson@glenviewhigh.edu
Subject:	¡Hola!
Date:	December 3

Add/Edit Attachments — Send

Querido° Fernando: **Querido** *Dear*
Me llamo María Thompson y soy de los
Estados Unidos. Tengo diecisiete años y soy
alumna del cuarto año de secundaria.
También soy alumna del cuarto año de
español. Me gusta mucho el español. También
estudio inglés, historia de América del Sur,
física y álgebra.

Estudio en el Colegio Glenview. Es un
colegio muy bueno. Mi profesora de español
es la señorita Scott. Es una profesora
excelente. Este año leemos varios libros
incluso *El Quijote* de Cervantes.

En nuestro colegio hay un club de español
que se llama Los aventureros. Los miembros
del club son alumnos avanzados en el estudio
del español y alumnos de habla española. Mi
amigo Enrique es el presidente y yo soy la
tesorera del club. Nuestras reuniones son
todos los martes y tenemos actividades muy
interesantes.

Vivo en una ciudad pequeña de los Estados
Unidos. Es una ciudad pequeña pero muy
bonita. Te envío una fotografía.

Bueno, espero° recibir respuesta° tuya, **espero** *I hope*
María **respuesta** *reply*

Después de leer

A **Indicate whether each statement is true or false. Correct the false statements.**

1. María escribe un e-mail a Enrique.
2. Ella tiene dieciséis años.
3. María estudia español, inglés, historia, biología y álgebra.
4. Los alumnos de español no leen mucho este año.
5. Las reuniones del club son todos los miércoles.
6. María vive en una ciudad grande.
7. María envía una fotografía a Fernando.

B **Word Study**

There are approximately twenty-three cognates in the reading. Can you find them?

El e-mail de Fernando

ᴇᴇᴇᴇᴇᴇᴇᴇᴇᴇᴇᴇᴇᴇᴇᴇᴇᴇᴇᴇᴇᴇᴇᴇᴇᴇᴇᴇᴇᴇᴇᴇᴇᴇᴇᴇᴇᴇᴇ

Para :	maria_thompson@glenviewhigh.edu
De :	fernando_castillo@malagcorresp.es
Asunto:	¡Hola!
Fecha :	4 de diciembre

Agregar/modificar datos adjuntos · Enviar

Querida María:

Gracias por escribirme. Me alegra° mucho recibir tu e-mail. Tu español es muy bueno. De verdad escribes muy bien. **Me alegra** *I am happy*

Yo también tengo diecisiete años y soy alumno del último año de colegio. Una de las asignaturas que tengo es inglés y te puedo decir que no me gusta mucho. Es muy difícil.

Como sabes, vivo en Málaga, un puerto° que está en Andalucía. (Andalucía es una región muy bonita del sur de España.) Vivo con mis padres y mis dos hermanos. Yo soy el mayor°. Nuestra casa no es grande pero es cómoda. Te envío varias fotos de la ciudad y también fotos de mi casa y de mi familia. **puerto** *port* · **mayor** *oldest*

Soy una persona muy atlética y me gustan los deportes. Practico° natación, tenis y golf. También me gusta ir al cine°. Me gustan mucho las películas° norteamericanas pero prefiero las películas francesas. **Practico** *I play* · **cine** *movies* · **películas** *films*

Escríbeme pronto,
Fernando

MALAGA

Costa del Sol

Después de leer

A Answer in complete sentences.

1. ¿Cuántos años tiene Fernando?
2. ¿Qué asignatura es difícil para él?
3. ¿Dónde vive Fernando?
4. ¿Cuántos hermanos tiene?
5. ¿A Fernando qué le gusta hacer?
6. ¿Qué películas le gustan?

B Word Study

1. What does **nadar** mean? What word in the reading refers to *the sport of swimming?*
2. What does **fotografía** mean? What other word in the reading means *photo?*

20 El cumpleaños de Enrique

ꭼꭼ

Hoy es el cumpleaños° de Enrique. Él cumple dieciocho años. María y los padres de Enrique tienen muchas sorpresas° para él. Los padres le compraron° un regalo° especial y le prepararon una fiesta sorpresa.

Como el color preferido de Enrique es el rojo, María compró adornos y comida de color rojo: helado de fresas°, manzanas° y cerezas°. Muchos miembros de Los aventureros van a la fiesta. También van otros amigos de Enrique que no son del colegio.

Cuando Enrique llega a su casa, la sala está oscura°. De repente,° todos sus amigos le gritan «¡Feliz cumpleaños!» y encienden° las luces°. María le da un abrazo° a Enrique y le dice «Feliz cumpleaños».

El señor y la señora Pereda llevan a Enrique al patio, donde está su regalo. ¡Y qué regalo! Es una motocicleta de color rojo y blanco. Enrique está muy contento con su moto. No sabe qué decir. Entonces les da un beso° y un abrazo a sus padres.

María le da a Enrique una chaqueta negra. Enrique también recibe unas camisas, libros y posters para su cuarto.

cumpleaños *birthday*

sorpresas *surprises*

compraron *bought*
regalo *present*

helado de fresas *strawberry ice cream*
manzanas *apples*
cerezas *cherries*

oscura *dark*
De repente *Suddenly*
encienden *turn on*
luces *lights*
abrazo *hug*

beso *kiss*

▲ El cumpleaños de Enrique

Después de leer

A Indicate whether each statement is true or false. Correct the false statements.

1. Mañana es el cumpleaños de Enrique.
2. Él cumple diecisiete años.
3. María compró adornos y comidas de varios colores.
4. Amigos que no son del colegio van a la fiesta.
5. Enrique recibe una moto de sus padres.
6. María no le da un regalo a Enrique.

B Word Study

What words combine to form the word **cumpleaños?**
What do they mean?

Repaso 4

Enrique recibe un e-mail de un amigo español. Su amigo le envía una lista de nombres y direcciones de e-mail de chicos y chicas de Málaga que quieren tener correspondencia con estudiantes de español de los Estados Unidos. Cada miembro escoge el nombre del chico o de la chica con quien quiere tener correspondencia. La profesora corrige los e-mails.

María escribe a Fernando Castillo, un chico de diecisiete años. En su e-mail, María cuenta de su colegio, de sus estudios, del club de español y de su ciudad. María también le envía una fotografía. Fernando responde al e-mail de María y le escribe de sus asignaturas del colegio, su ciudad y sus pasatiempos preferidos. Fernando le envía a María varias fotografías.

María y los padres de Enrique le prepararon una fiesta sorpresa para el cumpleaños de Enrique. María compró adornos y comida de color rojo porque el rojo es el color preferido de Enrique. Sus padres le compraron una moto de color rojo y blanco, y María le dio una chaqueta. Enrique recibió otros regalos también: camisas, posters y libros. ¡Qué regalos maravillosos!

Después de leer

Answer in complete sentences.

1. ¿Qué recibe Enrique de España?
2. ¿De quién es el e-mail?
3. ¿Qué información tiene la lista que recibe Enrique?
4. ¿Quién corrige los e-mails de los alumnos?
5. ¿A quién escribe María?
6. ¿Qué cuenta María en su e-mail?
7. ¿Cuántos años tiene Fernando Castillo?
8. ¿Dónde vive él?
9. ¿Qué compró María para el cumpleaños de Enrique?
10. ¿Cuál es el color preferido de Enrique?
11. ¿Qué le prepararon María y los padres de Enrique?
12. ¿Qué regalos recibe Enrique?

Repaso 4

Crucigrama 4

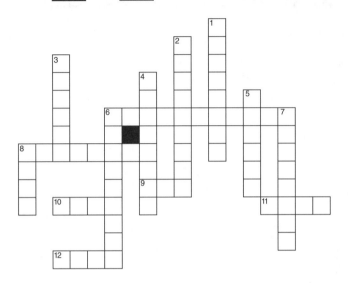

Horizontal

6. Enrique recibe una lista de nombres y ———— de los chicos españoles.

8. María le regala una ———— a Enrique.

9. Fernando tiene ———— hermanos.

10. Los padres le regalan una ———— a Enrique.

11. Enrique les da un ———— y un abrazo a sus padres.

12. María le envía una ———— a Fernando.

Vertical

1. Fernando practica _____, tenis y golf.
2. Fernando prefiere _____ francesas.
3. Los chicos españoles son de _____.
4. María escribe a _____.
5. La asignatura que a Fernando no le gusta mucho es _____.
6. Enrique cumple _____ años.
7. María y los padres de Enrique le prepararon una fiesta _____.
8. A Fernando le gusta ir al _____.

21 Un feriado nacional mexicano

En una de las reuniones de Los aventureros, María describió una visita que hizo a Ciudad Juárez, México, el dieciséis de septiembre pasado°. María dijo:

—El dieciséis de septiembre es feriado° nacional para los mexicanos, porque ese día los mexicanos festejan su independencia. El dieciséis de septiembre los mexicanos conmemoran el famoso Grito de Dolores. El dieciséis de septiembre de 1810 (mil ochocientos diez), el padre Hidalgo dio el grito° que inició la revolución de independencia contra España. Como resultado de esta revolución México ganó su independencia en 1821 (mil ochocientos veintiuno).

—Los mexicanos también festejan el cinco de mayo porque ese día en 1862 (mil ochocientos sesenta y dos), ganaron una batalla° importante contra° los franceses en Puebla, México.

—El dieciséis de septiembre fui a una escuela en Ciudad Juárez, donde hubo° un programa especial en conmemoración del día de la independencia. Mucha gente° de Ciudad Juárez y de El Paso, Texas estuvo presente. Varios niños recitaron poemas en honor del padre Hidalgo y cantaron canciones patrióticas. Yo canté con ellos.

—Después del programa, la directora del colegio habló de la vida del padre Hidalgo y también de la historia de México.

pasado *past, last*

feriado *holiday*

grito *cry*

batalla *battle*
contra *against*

hubo *there was*

gente *people*

Después de leer

A **Answer in complete sentences.**

1. ¿Por qué es feriado nacional el dieciséis de septiembre?
2. ¿Qué es el Grito de Dolores?
3. ¿Qué otra fecha celebran los mexicanos?
4. ¿Qué importancia tiene?
5. ¿Adónde fue María el dieciséis de septiembre pasado?
6. ¿Qué hizo María allí?

B **Word Study**

1. What does **fiesta** mean? What verb in the reading means *to have a party* or *to celebrate?*
2. The names for many months are cognates in English. What two months are mentioned in the reading?

22 El español en los Estados Unidos

𝕮𝕮𝕮

Como a María le gusta mucho el español, ella ha decidido continuar con su estudio del idioma a nivel° universitario.

nivel *level*

Una tarde María fue al despacho de la señorita Scott, su profesora de español, para hablar de la posibilidad de estudiar español en la universidad. La profesora Scott se alegró mucho cuando María fue a verla y le explicó° como continuar su estudio del idioma.

explicó *explained*

—La mejor manera de aprender bien el español es vivir en un país de habla española —dijo la señorita Scott—. Muchas universidades de España y Latinoamérica ofrecen cursos de verano°. Los estudiantes viven con familias y estudian español en la universidad. Así que practican el español todo el día.

verano *summer*

—Sin embargo, no todos tienen la oportunidad de viajar° a o vivir en otro país. Muchas universidades de los Estados Unidos ofrecen cursos avanzados de español. Hay clases de lenguaje y de literatura como en las universidades de Europa o de Latinoamérica.

viajar *to travel*

—En muchos lugares° en los Estados Unidos, los jóvenes tienen mucha oportunidad de practicar y mejorar su español desde que hay mucha gente de habla española. En estas regiones hay periódicos y programas de televisión y radio en español. Con los periódicos, la radio y la televisión uno puede ampliar su vocabulario y su comprensión del idioma.

lugares *places*

María quedó° muy contenta con la información que le dio la señorita Scott.

quedó *left*

Después de leer

A Choose the answer that best completes each sentence.

1. María decidió estudiar el español _____.
   a. en México
   b. en el sudoeste
   c. a nivel universitario

2. Hay _____ que ofrecen cursos de verano.
   a. colegios
   b. bibliotecas
   c. universidades

3. Los cursos de verano son buenos porque _____.
   a. las universidades tienen bibliotecas
   b. los estudiantes practican español todo el día
   c. los profesores son buenos

4. No todos tienen la oportunidad de _____.
   a. estudiar español
   b. ofrecer un curso
   c. vivir en otro país

5. En Nueva York, Chicago, Los Ángeles y Miami hay _____.
   a. periódicos y programas de radio y televisión en español
   b. cursos de radio y televisión
   c. cursos de español

B Word Study

What does **mejor** mean? What verb in the reading means *to better* or *to improve?*

23 La primera cita

Una tarde Enrique y María fueron° al cine. Enrique compró un boleto° y María compró el suyo°. Los dos entraron en el cine y se sentaron ni muy cerca ni° muy lejos de la pantalla.

—¿Te gusta ir al cine? —preguntó María a Enrique.

—Sí, me gusta mucho. Sobre todo si voy contigo —contestó Enrique.

—¿De verdad? Esta noche es la primera vez que salimos° solos°. Siempre salimos con otros amigos —dijo María.

—Es verdad —respondió Enrique.

—Tú sabes que a mí me encanta tu compañía —dijo ella.

—Y a mí me encanta la tuya°. Oye, ¿quieres algo de tomar° y unas palomitas de maíz°? —preguntó Enrique.

—Sólo quiero un refresco°. Aquí tienes cinco dólares.

—¿Sabes una cosa, María? —preguntó Enrique—. Cada vez que salgo con mis otros amigos, tengo que pagar la entrada o la comida de uno de ellos. Tú eres una persona muy generosa. Por eso me gusta salir contigo.

—Entonces, ¿sólo te gusta salir conmigo porque no tienes que pagar todo? —dijo María.

—¡No, no! No quise decir eso.°

—Ya lo sé. Sólo estaba bromeando° contigo.

fueron *went*
boleto *ticket*
suyo *hers*
ni... ni *niether . . . nor*

salimos *we go out*
solos *alone*

tuya *yours*
algo de tomar *something to drink*
palomitas de maíz *popcorn*
refresco *soft drink*

No quise decir eso. *I didn't mean that.*
bromeando *joking*

▲ Enrique y María hacen planes para ir al cine.

A Indicate whether each statement is true or false. Correct the false statements.

1. A Enrique le gusta ir al cine.
2. Enrique compró el boleto de María.
3. María quiere palomitas de maíz.
4. Enrique le da cinco dólares a María.
5. María es una persona generosa porque paga su parte.

B Word Study

1. What does it mean to say that you are *enchanted* by someone or something? What verb in the reading means the same?
2. Identify as many movie-related items as you can from the illustration below.

24 Ciudad Juárez

cccccccccccccccccccccccccccccccccccccccccccccccccccc

Un día la profesora Scott preguntó a los alumnos de su clase de cuarto año cuántos de ellos habían estado° en una de las ciudades mexicanas de la frontera° con los Estados Unidos. Cuatro estudiantes dijeron que habían estado en varias ciudades de la frontera. Uno de ellos, que se llamaba Juan, dijo que había ido a Ciudad Juárez.

habían estado *had been*

frontera *border*

—Cuenta a la clase como fue el viaje y como es la ciudad —pidió la profesora.

—El año pasado, durante las vacaciones de verano, mi familia fue en carro a El Paso, Texas —dijo Juan— y mientras estuvimos allí fuimos a Ciudad Juárez varias veces.

—Ciudad Juárez es una de las ciudades mexicanas más grandes de la frontera. La ciudad tiene un pasado muy interesante. Fue fundada° por los españoles en el año 1659 (mil seiscientos cincuenta y nueve). Primero se llamó El Paso del Norte, pero más tarde cambiaron° su nombre a Ciudad Juárez en honor a Benito Juárez, el gran presidente mexicano que ayudó° a liberar el país del dominio° francés.

fundada *founded*

cambiaron *they changed*

ayudó *helped*
dominio *domination*

—En Ciudad Juárez también hay una iglesia° muy antigua que se llama Nuestra Señora de Guadalupe. Fue construida por los españoles en 1659.

iglesia *church*

Después de leer

A Choose the answer that best completes each sentence.

1. La profesora preguntó si habían estado en una ciudad
   _____.
   a. mexicana de la frontera
   b. estadounidense de la frontera
   c. en la costa de México
2. Juan dijo que había estado en _____.
   a. varias iglesias
   b. Ciudad Juárez
   c. varias ciudades de México
3. Juan fue con su familia en _____ a El Paso, Texas.
   a. moto
   b. carro
   c. noviembre
4. Ciudad Juárez fue _____ en 1659.
   a. fundada
   b. construida
   c. liberada
5. En Ciudad Juárez hay una _____ muy antigua.
   a. escuela
   b. casa
   c. iglesia

B Word Study

What do the following words mean? To help you, find a word
in the reading related to each word below.
1. la ayuda
2. el cambio
3. dominar
4. la construcción

25 Otras ciudades de la frontera

Cuando Juan terminó de hablar, otros estudiantes que habían estado en la frontera describieron su viaje a esa región. Ellos estuvieron en importantes ciudades fronterizas como Nuevo Laredo, Tijuana, Matamoros y Piedras Negras.

Hay carreteras°, puentes° o trenes que conectan estas ciudades mexicanas con ciudades en los Estados Unidos.

Nuevo Laredo está cerca del Río Grande. En el lado° estadounidense está la ciudad de Laredo, Texas. Al otro lado de la frontera con Matamoros está la ciudad tejana de Brownsville, y al otro lado de Piedras Negras está Eagle Pass. Estas ciudades son muy importantes porque sirven de grandes centros comerciales.

Como casi todas las ciudades fundadas por los españoles, el plano° de estas ciudades fronterizas es por lo general muy parecido°. En el centro de la ciudad hay una iglesia católica. Frente a la iglesia hay una plaza y alrededor de la plaza están los edificios° de gobierno°, tiendas° y otros edificios importantes. En las ciudades hay también mercados al aire libre° donde se vende todo tipo de cosas.

carreteras roads
puentes bridges

lado side

plano layout
parecido similar

edificios buildings

gobierno government
tiendas stores

al aire libre outdoor

Después de leer

A Choose the answer that best completes each sentence.

1. Las ciudades _____ más importantes son Tijuana, Nuevo Laredo, Matamoros, Piedras Negras y Ciudad Juárez.
   a. mexicanas
   b. fronterizas
   c. españoles
2. Al otro lado de la frontera con Brownsville está _____.
   a. Tijuana
   b. Piedras Negras
   c. Matamoros
3. Estas ciudades están unidas con las ciudades estadounidenses por medio de _____ y _____.
   a. carreteras, puentes
   b. radio, televisión
   c. mercados, tiendas
4. El plano de casi todas las ciudades fundadas por _____ es muy parecido.
   a. estadounidenses
   b. mexicanos
   c. españoles
5. Por lo general hay una _____ católica en el centro de la ciudad.
   a. tienda
   b. iglesia
   c. plaza
6. Hay _____ al aire libre donde se vende todo tipo de cosas.
   a. edificios
   b. plazas
   c. mercados

B Word Study

There are approximately twenty-four cognates in the reading. Can you find them?

26 La herencia española en los Estados Unidos

ᒪᒪ

Un día vino a hablar al club de español una historiadora especializada en historia estadounidense. Su nombre era Juliet Mendoza. La historiadora dio una charla° sobre la herencia° española en los Estados Unidos.

charla *lecture*
herencia *heritage*

—Muchos de los nombres de ciudades, estados, ríos y montañas° son españoles —dijo la señora Mendoza—. Los encontramos° en todas partes del país.

montañas *mountains*
encontramos *we find*

—Por ejemplo°, los estados de Florida, Nevada y Colorado y las ciudades de San Francisco, Los Ángeles, San Antonio, El Paso, Sacramento, Monterrey, San Diego y Amarillo tienen nombres españoles. También hay el Río Grande—el río en la frontera entre México y los Estados Unidos. También en inglés tenemos palabras que vienen del español: *lasso, rodeo, canyon, ranch, patio*, etc.

ejemplo *example*

—En el sur y en el oeste encontramos ejemplos de arquitectura española. Por lo general, las casas y los edificios están construidos alrededor de un patio central. Muchos techos° son de teja° roja al estilo español.

techos *roofs*
teja *tile*

—Con los conquistadores y colonizadores españoles vinieron sacerdotes° católicos que construyeron misiones e iglesias. Algunas misiones muy bonitas están en la ciudad de San Antonio y sus alrededores. Hace más de ciento cincuenta años° el territorio mexicano ocupaba el oeste y sudoeste de lo que hoy es Estados Unidos.

sacerdotes *priests*

Hace más de... años *More than . . . years ago*

—Los estados de Texas, California, Nevada, Arizona, Utah y partes de Nuevo México, Colorado y Wyoming eran territorio mexicano. México los perdió° en la guerra° contra los Estados Unidos en 1848 (mil ochocientos cuarenta y ocho). Hoy en día, hay muchos mexicanos que viven en esos estados, especialmente en el oeste y sudoeste.

perdió *lost*
guerra *war*

—El estado de Florida era de España. El gobierno de los Estados Unidos lo compró a principios° del siglo° diecinueve.

a principios *at the beginning*
siglo *century*

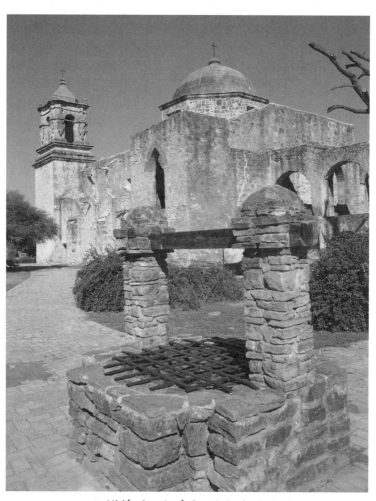

▲ Misión San José, San Antonio, Texas

Después de leer

A Indicate whether each statement is true or false. Correct the false statements.

1. Una historiadora especializada en historia española vino al colegio.
2. La historiadora dio una charla sobre la herencia inglesa en los Estados Unidos.
3. La historiadora dijo que en los Estados Unidos no hay nombres de ciudades de origen español.
4. La palabra *lasso* viene del español.
5. México perdió una gran parte de su territorio en la guerra contra Francia en 1848.
6. El gobierno de los Estados Unidos compró la Florida de España.

B Word Study

Can you think of other places in the United States or other words in English that come from Spanish?

Repaso 5

En una de las reuniones de Los aventureros, María describió una visita que hizo a Ciudad Juárez, México, el dieciséis de septiembre pasado. María dijo que el dieciséis de septiembre es feriado nacional en México porque ese día los mexicanos festejan su independencia. También festejan el cinco de mayo para conmemorar una victoria contra los franceses. María fue a una escuela en Ciudad Juárez, donde hubo un programa especial en conmemoración del día de la independencia.

Como a María le gusta mucho el español, ella ha decidido continuar con su estudio del idioma a nivel universitario. Fue una tarde a hablar con la señorita Scott sobre la posibilidad de estudiar español a nivel universitario. La profesora Scott le explicó como continuar su estudio del idioma. Le dijo también que hay universidades extranjeras que ofrecen cursos de verano.

Enrique y María fueron al cine en una ocasión. Fue la primera vez que salieron solos porque siempre salían con otros amigos. Enrique le dijo a María que le gustaba salir con ella porque era una persona muy generosa.

Un día la profesora Scott preguntó a los alumnos de su clase de cuarto año cuántos de ellos habían estado en una de las ciudades mexicanas de la frontera con los Estados Unidos. Cuatro estudiantes dijeron que habían estado en varias ciudades de la frontera. Uno de ellos, que se llamaba Juan, dijo que había ido a Ciudad Juárez y contó como fue el viaje y como era la ciudad. Juan también habló un poco de la historia de la ciudad. Otros estudiantes describieron sus viajes a otras ciudades fronterizas.

Un día vino a hablar al club de español del colegio una historiadora especializada en historia estadounidense. La historiadora dio una charla sobre la herencia española en los Estados Unidos. Dijo que muchos lugares del país tienen nombre español y que el vocabulario inglés tiene palabras que vienen del español. También habló de los ejemplos de arquitectura española que se ven en el país. La historiadora también habló de la guerra entre México y los Estados Unidos y de la compra de Florida.

Después de leer

Answer in complete sentences.

1. ¿Qué día festejan los mexicanos su independencia?
2. ¿Qué festejan el cinco de mayo?
3. ¿Qué hizo María el dieciséis de septiembre pasado?
4. ¿Para qué fue María una tarde a hablar con la señorita Scott?
5. ¿Qué ofrecen algunas universidades extranjeras?
6. ¿Adónde fueron Enrique y María la primera vez que salieron solos?
7. ¿Qué le dijo Enrique a María?
8. ¿Cuáles son algunas ciudades mexicanas de la frontera con los Estados Unidos?
9. ¿En qué estaba especializada la historiadora que vino al club?
10. ¿Sobre qué habló la historiadora?
11. ¿Quiénes fueron los primeros europeos que colonizaron los Estados Unidos?
12. ¿Qué lugares en los Estados Unidos tienen nombre español?

Crucigrama 5

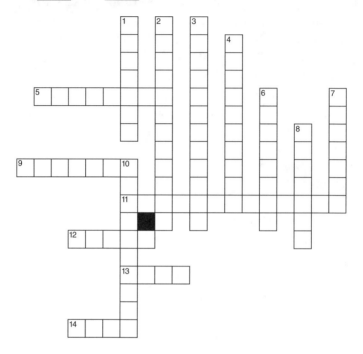

Horizontal

5. Enrique y María no se sentaron ni muy cerca ni muy lejos de la _____.

9. Enrique y María compraron _____ para entrar en el cine.

11. _____ es la ciudad al otro lado de Eagle Pass.

12. La señorita Scott dice que la mejor manera de aprender bien el español es _____ en otro país.

13. El cinco de _____ es el día que conmemora una victoria contra los franceses.

14. En su primera cita, Enrique y María fueron al _____.

Vertical

1. El padre _____ dio el grito que inició la revolución.
2. _____ es la ciudad fronteriza que tiene nombre en honor a un presidente mexicano.
3. Juliet Mendoza es una _____ especializada en historia estadounidense.
4. Las ciudades fronterizas están unidas por medio de _____ y puentes.
6. Muchas _____ como San Francisco, Los Ángeles y San Antonio tienen nombres españoles.
7. Muchos _____ como Nevada, Florida y Colorado tienen nombres españoles.
8. El Grito de _____ inició la revolución de independencia.
10. El día dieciséis de _____ es la fecha de la independencia de México.

27 El trabajo de composición

‌‌

Un jueves después de clase, Enrique y María estaban estudiando en la casa de él.

—La señorita Scott nos dio un trabajo de composición —comentó María.

—¿Sobre qué tienes que escribir? —preguntó Enrique.

—Sobre la capital de México —respondió María—. Básicamente tengo que describir la ciudad. Oye, ¿me ayudas? Yo no la conozco. He estado en la frontera, en Juárez, pero no en la capital del país. Tú sí has estado allí.

—Claro° que te ayudo. No hay problema —contestó Enrique—. A ver, ¿qué quieres saber?

Claro *Of course*

—Dime como es la ciudad.

—Bueno, como sabes, la capital de México es México, D.F. *D.F.* quiere decir Distrito Federal. También se la conoce° como la Ciudad de México. Es la ciudad más grande y más poblada° del país y una de las ciudades más pobladas del mundo.

se la conoce *it is known*

poblada *populated*

—Es una ciudad bonita donde se mezcla° lo antiguo con lo moderno. Esto lo puedes ver sobre todo en la arquitectura. Si vas a la Ciudad de México, vas a ver edificios modernos construidos al lado de edificios coloniales. La catedral tiene unos quinientos años y fue construida sobre las ruinas del templo principal de los aztecas. Es muy conocida y vienen a verla numerosos turistas.

se mezcla *are mixed*

—En la capital hay una gran cantidad° de plazas y parques donde pasea° mucha gente los fines de semana. El parque más conocido es el Bosque de Chapultepec y está situado en

cantidad *amount*

pasea *stroll*

un bosque° sobre una colina°. Hace muchos siglos el famoso Bosque de Chapultepec era un lugar de recreo para los aztecas. En el parque está el palacio que fue residencia del emperador Maximiliano. Hay muchas cosas divertidas° para hacer en el Distrito Federal.

    —Algún día me gustaría llevarte a la Ciudad de México y mostrarte° esos lugares tan bonitos. Así podrías° escribir mil composiciones —dijo Enrique.

    —Ya lo creo —contestó María—; pero por el momento, sólo me importa una, la de la señorita Scott.

bosque *woods*
colina *hill*

divertidas *fun*

mostrarte *to show you*
podrías *you could*

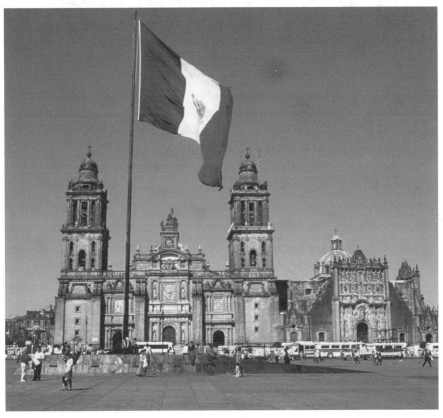

▲ Catedral metropolitana, Ciudad de México

Después de leer

A Indicate whether each statement is true or false. Correct the false statements.

1. María tiene que hacer un trabajo de composición sobre la Ciudad de México.
2. Enrique ha estado allí.
3. La Ciudad de México y el Distrito Federal son dos ciudades distintas.
4. La Ciudad de México no es muy grande.
5. En la ciudad hay una mezcla de arquitectura moderna y colonial.
6. La catedral fue construida sobre las ruinas de un templo azteca.
7. El templo azteca fue residencia del emperador Maximiliano.
8. María tiene que escribir mil composiciones.

B Word Study

1. What does *diversion* mean in English? What word in the reading is a cognate? What does it mean?
2. There are approximately thirty-two cognates in the reading. Can you find them?

28 Una charla interesante

Enrique ha ido a la clase de María a hablar de México, en particular, de algunas ciudades mexicanas.

—La cultura que existía en México antes de la llegada° de los colonizadores europeos era una cultura avanzada. Por ejemplo —dice Enrique—, hay muchos que no saben que en México, cerca de la capital, hay dos pirámides casi del mismo tamaño° que las pirámides de Egipto. La mayor de estas pirámides es la Pirámide del Sol. La otra, de menor tamaño, es la Pirámide de la Luna. Los indígenas habían construido estas pirámides siglos antes de la llegada de los españoles en el lugar que se llama Teotihuacán. Los indígenas usaban estas pirámides como templos y como observatorios astronómicos.

—Cerca de la capital, hay también otro lugar interesante para todos los turistas. La Ciudad de México se construyó en el lugar donde estaba la antigua capital de los aztecas. La capital azteca estaba construida sobre un enorme lago°, el lago Texcoco. Cerca de la capital hay varios canales y hermosos jardines flotantes°.

—Otra ciudad importante de México es Guadalajara, la capital del estado de Jalisco. Es la segunda ciudad más importante de México. Guadalajara está al noroeste de la capital del país. Muchas turistas la visitan para ver su antigua catedral que es muy conocida°.

llegada *arrival*

tamaño *size*

lago *lake*

flotantes *floating*

conocida *well-known*

—Otra ciudad importante de México es Monterrey, que está cerca de la frontera con Texas. Al sur de México está la ciudad de Puebla donde los mexicanos derrotaron° a los franceses en el siglo diecinueve. Otras ciudades turísticas importantes son Acapulco, Mazatlán, Veracruz y Cancún.

derrotaron *defeated*

—También en México hay muy buenas carreteras para los que quieren ir en carro. En México los turistas son siempre bienvenidos°.

bienvenidos *welcome*

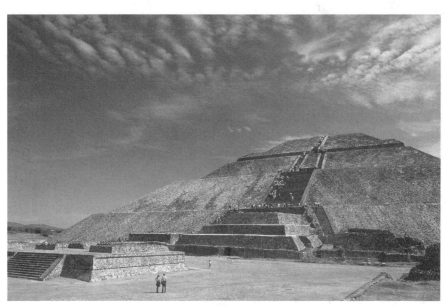

▲ Teotihuacán, México

Después de leer

A Match each item in Column A to its description in Column B.

A	B
1. Texcoco	**a.** una ciudad donde hay una catedral famosa
2. azteca	**b.** el lugar donde estaba la antigua capital de los aztecas
3. Ciudad de México	**c.** una estructura que se usaba como templo o observatorio
4. Guadalajara	**d.** un lugar donde se encuentran pirámides enormes
5. Puebla	**e.** un lago grande
6. Pirámide del Sol	**f.** una ciudad donde los mexicanos derrotaron a los franceses
7. Teotihuacán	**g.** una cultura que existía en México antes de los españoles

B Word Study

There are approximately twenty-nine cognates in the reading. Can you find them?

29 Buenas y malas noticias

Esta tarde Enrique recibió una carta que estaba esperando ansiosamente. Era de una universidad en California. Enrique estaba muy nervioso. Sus padres le dijeron:

—Abre la carta. A ver qué te dicen.

Enrique abrió la carta y la leyó. Había un silencio. Luego Enrique miró a sus padres y les dijo:

—¡Me han admitido en la universidad! Y, además, ¡me han dado una beca° por dos años!

beca scholarship

—¡Nos alegramos por ti, hijo! —dijeron los padres, emocionados—. ¡Qué buena noticia° nos has dado!

noticia news

Enrique estaba contentísimo y fue a llamar por teléfono a María para contarle la buena noticia. Sin embargo, María estaba triste° y le dijo:

triste sad

—Hoy también me llegó una carta de una universidad en Nueva York. Me admitieron y empiezo las clases en el otoño. ¡Fíjate,° tú vas a California y yo a Nueva York! ¡Qué lejos vamos a estar!

Fíjate Imagine

—Sí, pero tú sabes que los buenos amigos nunca están lejos. Yo te llevaré siempre en mi corazón° —le dijo Enrique.

corazón heart

—Y tú estarás siempre en el mío —respondió María.

—Pero, anímate°. Cuando quieras venir a verme, ven a California. Y, si tú me invitas, yo iré a visitarte a Nueva York. Además, podemos escribirnos por e-mail y hablar por teléfono —dijo Enrique.

anímate cheer up

—Sí, tienes razón. Pero, prométeme° una cosa —le pidió María.

prométeme promise me

—¿Qué?

—Que nunca te olvidarás° de mí.

olvidarás you will forget

—Te lo prometo. Pero, prométeme tú también que no te olvidarás de mí —dijo Enrique.

—Claro que te lo prometo —respondió María.

—¿Pero por qué nos preocupamos? —dijo Enrique—. Todavía nos quedan cuatro meses, y mientras tanto, tenemos tantas cosas que hacer. Oye, María, ¿me ayudas con el examen de historia que tengo mañana?

—Claro —contestó María—. ¿Voy a tu casa o tú vienes a la mía?

—Mejor voy a la tuya —dijo Enrique—. En tu casa hay menos ruido°.

ruido *noise*

—Bueno, te espero.

—Nos vemos en unos minutos.

Después de leer

A **Answer in complete sentences.**

1. ¿Qué noticias recibió Enrique?
2. ¿Cómo reaccionaron sus padres?
3. ¿Por qué estaba triste María?
4. ¿Qué se prometen Enrique y María?
5. ¿Cuántos meses les quedan?

B **Word Study**

What verb in the reading means *to be worried* or *preoccupied?*

30 Enrique y María se gradúan

CCCCCCCCCCCCCCCCCCCCCCCCCCCCCCCCCCCCCCCCCCCCCC

Ya es el mes de junio y el año escolar acaba de terminar. Esta noche es la graduación de los alumnos del Colegio Glenview. María y Enrique están contentos y tristes a la vez°. Ellos tienen buenos recuerdos° de los últimos cuatro años que nunca podrán olvidar.

a la vez *at the same time*
recuerdos *memories*

La ceremonia de graduación tiene lugar° en el gimnasio del colegio. Hay mucha gente presente: la directora del colegio, los profesores y también los padres, los parientes° y los amigos de los alumnos. Han invitado a una poeta muy conocida para saludar a los estudiantes.

tiene lugar *takes place*

parientes *relatives*

La directora inicia la ceremonia y habla a los presentes. Luego la poeta invitada se dirige° al público y recita un poema. La poeta anima° a los alumnos a esforzarse° y a estudiar para prepararse para el futuro. Ella les dice que el futuro del país y del mundo depende de ellos y que nunca deben° olvidarse de sus ideales.

se dirige *addresses*
anima *encourages*
esforzarse *to apply themselves*

deben *they should*

Después la directora entrega° los diplomas a cada uno de los alumnos. Los padres de los alumnos están muy emocionados y muy orgullosos° de sus hijos.

entrega *hands out*

orgullosos *proud*

Después de la ceremonia, Enrique, María y sus familias se sacan fotos°. Luego la señorita Scott felicita° a los padres de María y a los de Enrique.

se sacan fotos *take photos*
felicita *congratulates*

Enrique y María están tristes porque pronto van a estar separados. Ellos prometen escribirse mucho y llamarse por teléfono. Enrique le regala un libro a María y María le da un bolígrafo muy bonito a Enrique.

▲ Enrique y María están tristes porque van a estar separados.

Después de leer

A Indicate whether each statement is true or false. Correct the false statements.

1. El año escolar termina en mayo.
2. La ceremonia tiene lugar en el gimnasio.
3. La directora recita un poema.
4. La invitada especial entrega los diplomas a los alumnos.
5. Los padres están muy orgullosos.
6. Enrique y María están tristes porque no recibieron sus diplomas.

B Word Study

What does **regalo** mean in English? What verb in the reading means *to give a gift?*

Repaso 6

Un jueves después de clase, Enrique le habló a María sobre la capital de México. Enrique le dijo que México, D.F. es la ciudad más grande y más poblada del país y una de las ciudades más pobladas del mundo. Dijo que es una ciudad bonita donde se mezcla lo antiguo con lo moderno y que esto se puede ver sobre todo en la arquitectura. Dijo que la catedral fue construida sobre las ruinas del templo principal de los aztecas.

Enrique también fue a la clase de María a hablar sobre algunas ciudades mexicanas. Dijo que la cultura que existía en México antes de la llegada de los colonizadores europeos era una cultura avanzada. Explicó que los indígenas habían construido pirámides siglos antes de la llegada de los españoles. Los indígenas usaban estas pirámides como templos y como observatorios astronómicos.

Una tarde Enrique recibió una carta de una universidad en California. Contó a sus padres que le habían admitido en la universidad y que además le habían dado una beca por dos años. Enrique estaba contentísimo y llamó por teléfono a María para contarle la noticia. Sin embargo, María estaba triste porque ella iba a Nueva York, muy lejos de su amigo.

La ceremonia de graduación del Colegio Glenview tuvo lugar en el gimnasio del colegio. La directora inició la ceremonia y habló a los presentes. La invitada especial, una poeta, se dirigió al público y recitó un poema. La poeta animó a los alumnos a esforzarse y a estudiar para prepararse para el futuro. Después, la directora entregó los diplomas a los alumnos.

Al terminar la ceremonia, Enrique y María estaban tristes, pero prometieron escribirse y llamarse por teléfono. Enrique le regaló un libro a María y María le dio un bolígrafo muy bonito a Enrique.

Después de leer

A Answer in complete sentences.

1. ¿Cuál es la ciudad más grande y más poblada de México?
2. ¿Adónde fue Enrique para hablar sobre algunas ciudades mexicanas?
3. ¿Qué dijo de la cultura de los indígenas mexicanos?
4. ¿Para qué usaban los indígenas las pirámides?
5. ¿Qué decía la carta que recibió Enrique?
6. ¿Fue también admitida María en la universidad?
7. ¿Estaba contenta María? ¿Por qué?
8. ¿Dónde tuvo lugar la ceremonia de graduación del colegio?
9. ¿Quién inició la ceremonia?
10. ¿Quién habló después?
11. ¿Qué dijo la poeta?
12. ¿Qué se regalaron María y Enrique?

B Expansion Activities

1. How will Enrique and María spend their summer vacation? Write a story in Spanish describing the experiences they share in the months before they each leave for college.
2. What will happen to María and Enrique in the future? Write a story in Spanish describing what their lives will be like in the next few years.
3. Is your school like **Colegio Glenview?** Write a description of your school in Spanish and compare it to what you have learned about **Colegio Glenview.** You may wish to mention clubs, sports teams, school subjects, students, and teachers.

Crucigrama 6

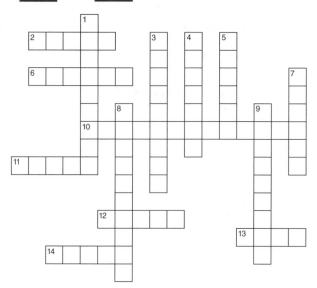

Horizontal

2. La ceremonia de graduación es en el mes de _____.

6. La catedral de la Ciudad de México fue construida sobre las ruinas de un templo _____.

10. Las pirámides eran templos y _____ astronómicos.

11. La invitada especial de la ceremonia de graduación es una _____ muy conocida.

12. Enrique le regaló un _____ a María.

13. Enrique recibió una _____ para estudiar en la universidad.

14. Después de la ceremonia, Enrique y María sacaron muchas _____.

Vertical

1. La _____ inició la ceremonia de graduación.

3. María le regaló un _____ a Enrique.

4. La Ciudad de México también se conoce como el Distrito _____.

5. María escribe una composición sobre la Ciudad de _____.

7. María está _____ porque va a estar lejos de Enrique.

8. Enrique y María prometen _____ mucho y llamarse por teléfono.

9. Enrique dice que en México hay _____ como en Egipto.

Historia
de México

México prehispánico

En la región que hoy se conoce como México, habitaron varios grupos indígenas por muchos siglos antes de la llegada de los exploradores europeos. Los olmecas son considerados como el primer grupo indígena de mayor importancia en la región. Su cultura data de los años 1500 a.C. Los olmecas construyeron centros ceremoniales. Son más conocidos por las cabezas colosales. Estas cabezas impresionantes son esculturas monumentales hechas de piedra°.

hechas de piedra *made of stone*

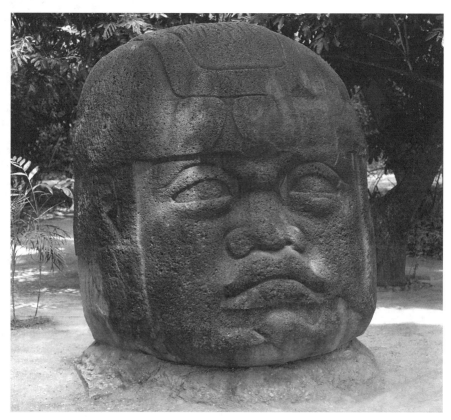

▲ Cabeza colosal

La civilización maya floreció° entre los años 200 y 900 d.C. Los mayas tuvieron una civilización bastante avanzada. Construyeron templos grandes. Inventaron un sistema complejo de escritura con jeroglíficos que representaron su historia y su vida. Sabían matemáticas y astronomía. Hacían cálculos complejos para desarrollar° su calendario.

Los aztecas también eran avanzados y tenían un calendario. Eran muy religiosos y construyeron templos para honrar a sus dioses°. Realizaron sacrificios humanos para ofrecer a los dioses. Los aztecas florecieron durante el siglo XV y dominaban la región central del país. Otros grupos indígenas pagaban tributos a los aztecas. Cuando llegaron los españoles a las costas a principios del siglo XVI, Moctezuma era emperador de los aztecas, el pueblo más poderoso° de la región.

floreció *flourished*

desarrollar *to develop*

dioses *gods*

poderoso *powerful*

Después de leer

Contesta en oraciones completas.

1. ¿Cómo se llama el primer grupo indígena de mayor importancia en México?
2. ¿Qué es una cabeza colosal?
3. ¿Cuándo floreció la civilización maya?
4. ¿Qué evidencia hay para explicar que era una civilización avanzada?
5. ¿Qué grupo indígena dominaba la región central cuando llegaron los españoles?
6. ¿Qué evidencia hay para explicar que dominaban la región?
7. ¿Qué realizaron para ofrecer a los dioses?
8. ¿Quién era el emperador?

2 Hernán Cortés

⊏⊏

Hernán Cortés fue un capitán español que salió de España con destino a Cuba en busca de riquezas° y aventuras. Otros exploradores y comerciantes habían llegado a las costas de México. En Cuba, Cortés recibió noticias de este país muy rico.

riquezas *riches*

En el año 1519, Cortés llegó a la costa oriental° de México con 11 barcos° pequeños, un ejército° de 450 soldados, 100 marineros, 14 cañones y 16 caballos. El valiente capitán español pretendía conquistar° a una gran nación con este pequeño ejército.

oriental *eastern*
barcos *ships*
ejército *army*

pretendía conquistar
intended to conquer

Cortés entró en batalla con varios grupos indígenas en la región de la costa. Él mandó reconocimiento de la autoridad de la iglesia cristiana y del rey español. Los indígenas tenían su propia religión y sus propios líderes. Los españoles eran extranjeros°. Puesto que° los indígenas no tenían armas de fuego°, muchos fueron derrotados por los españoles.

extranjeros *foreigners*
Puesto que *Since*
armas de fuego *firearms*

Después de pasar varias semanas en la costa, Cortés fundó un pueblo que llamó Villa Rica de la Vera Cruz y que hoy se conoce como Veracruz.

Después de leer

Contesta en oraciones completas.

1. ¿Quién fue Hernán Cortés?
2. ¿De dónde salió y adónde fue?
3. ¿Qué noticias recibió en Cuba?
4. ¿En qué año llegó Cortés a México?
5. ¿A qué costa llegó?
6. ¿Cuántos barcos y soldados tenía Cortés?
7. ¿Cuántos caballos tenía?
8. ¿Qué pretendía Cortés?
9. ¿Qué mandó Cortés?
10. ¿Por qué entraron en batalla los españoles y los indígenas?
11. ¿Por qué fueron derrotados muchos indígenas por los soldados españoles?
12. ¿Qué ciudad fundó Cortés?

3 Moctezuma

Cuando los españoles llegaron a las costas de México, fue la primera vez que los indígenas vieron a hombres blancos. Algunos creyeron que los españoles eran dioses. Cuando los soldados españoles dispararon° sus cañones contra ellos, los indígenas creyeron que los españoles controlaban el trueno°. Y cuando vieron a soldados españoles montados a caballo, creyeron que estos soldados eran mitad° hombre y mitad bestia°.

Moctezuma, el emperador azteca, era un hombre muy inteligente, pero temía° a sus dioses. Les ofrecía sacrificios humanos para aplacarlos°. Cuando Moctezuma recibió noticias de la llegada de los españoles a las costas de la región central de México, él le envió regalos muy ricos a Cortés y le pidió que abandonara° el país. Algunos de los regalos de Moctezuma eran de oro°. Cuando Cortés y sus soldados los vieron, se llenaron de codicia° y quisieron conquistar ese país donde había tanta riqueza.

dispararon shot

trueno thunder

mitad half
bestia beast

temía feared

aplacarlos to appease them

le pidió que abandonara he asked him to leave
oro gold

se llenaron de codicia became filled with greed

Después de leer

Contesta en oraciones completas.

1. ¿Qué creyeron los indígenas cuando vieron a los hombres blancos?
2. ¿Por qué creyeron que los españoles controlaban el trueno?
3. ¿Qué creyeron que eran los soldados montados a caballo?
4. ¿Cómo se llamaba el emperador de los aztecas?
5. ¿Cómo era?
6. ¿A quiénes temía y qué hacía para aplacarlos?
7. ¿Qué hizo el emperador cuando recibió noticias de la llegada de los españoles?
8. ¿Qué pensó Cortés cuando vio los regalos de oro del emperador?

4 La astucia de Cortés

Gran parte de los soldados españoles era muy valiente, pero algunos temían a los indígenas porque ellos eran tan numerosos y los españoles eran tan pocos. Cortés pensó que esos soldados querrían volver a Cuba. Para evitar° esto, el capitán español concibió° un plan brillante.

evitar *avoid*
concibió *conceived of*

Cortés hundió° todos los barcos excepto uno. Entonces dijo a sus soldados que si había alguno que tenía miedo° y quería volver a Cuba podía volver en ese barco. Los soldados que tenían miedo no quisieron confesarlo y ninguno se atrevió° a abordar el barco. Entonces Cortés hundió el último barco que quedaba. Así los soldados no tuvieron otra opción sino conquistar México o morir porque no podían volver a Cuba.

hundió *sank*

tenía miedo *was afraid*

se atrevió *dared*

La astucia° de Cortés fue evidente en otras ocasiones también. Algunas de las naciones indígenas bajo° el dominio de los aztecas querían su independencia. Cortés notó estos sentimientos y se aprovechó de° la situación. Se hizo amistades° con los caciques° de estas naciones, y pronto estos ofrecieron su ayuda a Cortés para conquistar a los aztecas.

astucia *cunningness*

bajo *under*

se aprovechó de *took advantage of*
amistades *friendships*
caciques *chiefs*

Después de leer

Contesta en oraciones completas.

1. ¿Eran valientes los soldados de Cortés?
2. ¿Por qué algunos de ellos temían a los indígenas?
3. ¿Qué pensó Cortés que querrían hacer algunos de sus soldados?
4. ¿Qué hizo?
5. ¿Qué dijo entonces a sus soldados?
6. ¿Confesó alguno que tenía miedo?
7. ¿Qué hizo Cortés con el último barco que quedaba?
8. ¿Qué opción les quedó ahora a los soldados?
9. ¿Qué nación indígena tenía a las otras naciones bajo su dominio?
10. ¿Qué querían algunas de estas naciones?

5 La leyenda de Quetzalcoatl

᠎ᒉᒉ

Algunas de las naciones indígenas creían en la leyenda° de Quetzalcoatl. Según° la leyenda, en tiempos antiguos hubo un dios llamado Quetzalcoatl que había sido rey de la nación de los toltecas. Después de ayudar a los toltecas a alcanzar° un alto grado de civilización, se fue del país con la promesa de regresar algún día. La leyenda cuenta que este dios partió° en un barco de serpientes° y que era blanco de ojos grandes, pelo largo y negro y con una barba° muy tupida°.

Cuando los españoles llegaron a las costas de México, muchos de los indígenas creyeron que estos hombres blancos descendían del dios de la leyenda. Por eso temían a los españoles. El emperador Moctezuma también creyó que los españoles eran dioses y por eso les envió regalos ricos a los españoles con la esperanza° de que no vinieran a la capital azteca.

leyenda *legend*
Según *According to*

alcanzar *to reach*

partió *left*
serpientes *snakes*

barba *beard*
tupida *thick*

esperanza *hope*

Después de leer

Contesta en oraciones completas.

1. ¿En qué leyenda creían algunas de las naciones indígenas?
2. ¿Cómo se llamaba el dios de la leyenda?
3. ¿De qué nación había sido rey?
4. ¿Qué hizo este rey por el país?
5. ¿En qué partió del país?
6. ¿Cómo era Quetzalcoatl?
7. ¿Qué creyeron los indígenas cuando llegaron los españoles?

8. ¿Temían los indígenas a los españoles?
9. ¿Qué creyó Moctezuma?
10. ¿Por qué Moctezuma les envió regalos a los españoles?

▲ Templo de Quetzalcoatl, Teotihuacán, México

6 La Malinche

░░

Como los españoles no sabían los idiomas que hablaban los indígenas, necesitaron un intérprete. Después de perder una batalla contra los españoles, el cacique les dio a los españoles unas jóvenes indígenas como regalo. En aquel entonces, por lo general, cuando los españoles conquistaban una nación indígena o cuando la nación se aliaba° a los españoles, era costumbre° de los nobles dar a sus hijas a los oficiales del ejército español.

se aliaba *made an alliance*
costumbre *customary*

Entre las indígenas hubo una joven india° muy inteligente que hoy se conoce como La Malinche. A esta le pusieron el nombre cristiano «Marina» y después de poco tiempo los españoles se dieron cuenta de° que ella hablaba el idioma de los mayas y también el idioma de los aztecas. Había un sacerdote católico entre los españoles que sabía hablar el idioma de los mayas. Cuando se encontraban con los aztecas, Marina traducía° lo que decían los aztecas al idioma de los mayas y el sacerdote lo traducía al español para Cortés. Marina era la intérprete que necesitaba el capitán español.

india *native woman*

se dieron cuenta de *realized*

traducía *translated*

Marina llegó a ser° muy conocida en todas las tierras de México. Algunos la consideraban heroína y la apreciaban mucho por su ayuda en la conquista de los aztecas. Otros la consideraban traidora°. Pero lo que no se debate es que era una indígena inteligente y valiente.

llegó a ser *became*

traidora *traitor*

Después de leer

Contesta en oraciones completas.

1. ¿Por qué necesitaron los españoles un intérprete?
2. ¿Por qué les dio el cacique unas jóvenes indígenas a los españoles?
3. ¿De qué nombre se conoce la intérprete?
4. ¿Qué nombre cristiano le pusieron los españoles?
5. ¿Qué idiomas sabía ella?
6. ¿Quién era el otro intérprete?
7. ¿Qué idiomas sabía él?
8. ¿Cómo comunicó Cortés con los aztecas?
9. ¿Por qué apreciaban los españoles a Marina?
10. ¿Por qué algunos la veían como traidora?

Repaso 1

Cuando llegaron los españoles a las costas de México, los aztecas formaban la nación más poderosa de la región. Por muchos siglos anteriores, civilizaciones avanzadas habitaron el país. La civilización olmeca es conocida por las impresionantes cabezas colosales. De los mayas se conocen sus templos, sus jeroglíficos y sus matemáticas. De los aztecas se conocen sus templos y su calendario. Los poderosos aztecas dominaban la región de México cuando llegó Hernán Cortés en el año 1519.

Cortés, un capitán español, fue a México en busca de aventuras y riquezas. Llegó a la costa con pocos barcos, soldados y marineros y pretendía conquistar la nación azteca. Él mandó reconocimiento de la autoridad de la iglesia cristiana y del rey español. Los indígenas no tenían armas de fuego y por consecuencia muchos fueron derrotados por los españoles. También Cortés fundó la ciudad de Veracruz.

Los indígenas creyeron que los españoles eran dioses y tenían mucho miedo de sus caballos y armas de fuego. El emperador de la nación azteca se llamaba Moctezuma. Era un hombre inteligente pero temía a sus dioses. Moctezuma le envió regalos de oro a Cortés y le pidió que abandonara el país. Los españoles se llenaron de codicia y decidieron conquistar ese país de tanta riqueza.

Algunos soldados españoles temían a los indígenas y querían volver a Cuba. Pero cuando Cortés hundió todos los barcos, los soldados no tuvieron otra opción sino conquistar México o morir. Algunas de las naciones indígenas querían su independencia del dominio azteca y ofrecieron su ayuda a Cortés. Por eso formaron alianzas con el capitán español.

Gran parte de los indígenas creía en la leyenda de Quetzalcoatl. Según la leyenda, era un dios que prometió volver algún día. Los indígenas creyeron que los españoles descendían del dios Quetzalcoatl y por eso temían muchísimo a los españoles. El emperador Moctezuma también creyó que los españoles eran dioses y por eso les envió regalos ricos con la esperanza de que no vinieran a la capital azteca.

La intérprete de los españoles fue La Malinche (o Marina), una joven indígena muy inteligente. Ella sabía el idioma de los mayas y el idioma de los aztecas. Un sacerdote español sabía el idioma de los mayas también. Marina y el sacerdote traducían para Cortés y los indígenas. Algunos la consideran heroína; otros, traidora.

Después de leer

Contesta en oraciones completas.

1. ¿Qué civilizaciones antiguas habitaban México?
2. ¿Qué evidencia hay para explicar que eran civilizaciones avanzadas?
3. ¿Qué nación dominaba cuando llegó Cortés?
4. ¿Quién fue Hernán Cortés?
5. ¿Para qué fue a México?
6. ¿Llevaba muchos barcos y hombres?
7. ¿Qué pretendía Cortés?
8. ¿Qué ciudad fundó?
9. ¿Cómo se llamaba el emperador de los aztecas?
10. ¿Por qué tenía miedo de los españoles?
11. ¿Qué le envió a Cortés? ¿Por qué?
12. ¿Cómo reaccionaron los españoles?
13. ¿Qué hizo Cortés con los barcos? ¿Por qué?
14. ¿Por qué formaron alianzas con Cortés algunos grupos indígenas?
15. ¿En qué leyenda creían muchos de los indígenas?
16. ¿Quién fue La Malinche?

7 Marcha a la capital

Cortés inició su marcha a Tenochtitlán, la capital azteca, con 450 soldados españoles, 15 caballos, 6 cañones pequeños y numerosos sirvientes°.

sirvientes *servants*

Primero fue con su pequeño ejército a las tierras de los indios totonacos, quienes recibieron bien a los españoles. Los totonacos y varios otros grupos de la región estaban bajo el dominio de Moctezuma. Estos grupos pagaban tributos a los aztecas. Cortés se dio cuenta de que podía aprovecharse de la situación de estos grupos indígenas. Pronto se aliaron. Así que Cortés marchó a la capital azteca con un gran número de guerreros° indios junto con sus soldados españoles.

guerreros *warriors*

En su marcha, Cortés y sus soldados pasaron por ciudades tan grandes y hermosas como muchas de las ciudades de España. En esas ciudades encontraron magníficos palacios así como casas de piedra y adobe. Los caciques vivían en residencias enormes con jardines hermosos. Muchas de estas naciones indígenas tenían una cultura y una civilización muy avanzadas.

El ejército de Cortés tuvo que librar° varias batallas contra fuerzas° numerosas de indígenas. Hubo ejércitos de indios que tenían 100.000 guerreros, pero el pequeño ejército español y sus aliados ganaron muchas de estas batallas. Los españoles pudieron derrotar a sus enemigos sobre todo por tres razones importantes: tenían armas superiores, tenían aliados indígenas y todavía creían muchos indígenas que los españoles eran dioses.

librar *fight*

fuerzas *forces*

▲ Hernán Cortés

Después de leer

Contesta en oraciones completas.

1. ¿Cómo se llamaba la capital azteca?
2. ¿Adónde fue primero Cortés en su marcha a la capital?
3. ¿Cómo recibieron los totonacos a los españoles?
4. ¿Por qué hicieron alianza con Cortés?
5. En la marcha, ¿cómo eran las ciudades por donde pasaron los españoles?
6. ¿Dónde vivían los caciques?
7. ¿Tuvo que librar batallas Cortés?
8. ¿Eran grandes los ejércitos de los indígenas?
9. ¿Por qué pudieron derrotar a sus enemigos los españoles?

8 La marcha continúa

ᒋᒋ

La nación indígena que más resistencia opuso° a Cortés fue los tlaxcaltecas. Sin embargo, los españoles lograron° derrotar al numeroso ejército de estos indígenas en varias ocasiones y los tlaxcaltecas llegaron a ser aliados de los españoles.

opuso *opposed, offered*

lograron *were able to*

Los españoles se quedaron tres semanas en Tlaxcala, capital de la nación tlaxcalteca. Cuando estuvieron allí, el emperador Moctezuma envió mensajeros° con regalos a Cortés invitándolo a venir a Tenochtitlán, la capital de los aztecas. En realidad, Moctezuma quería que los españoles se fueran del país. Creía que eran dioses y por eso no quería entrar en batalla contra ellos. Cuando vio que los españoles no tenían intención de marchar del país, sin otra opción, los invitó a la capital.

mensajeros *messengers*

De Tlaxcala los españoles fueron a Cholula, capital de otra nación indígena. Los habitantes de esta ciudad recibieron a los españoles con hospitalidad, pero pocos días después de su llegada planearon matar° a todos los españoles. Cuando Cortés se enteró de° lo que planeaban, mandó° matar a más de 6.000 cholutecas. Muchos guerreros tlaxcaltecas ayudaron a los españoles en esta horrible matanza°.

planearon matar *planned to kill*

se enteró de *found out about*
mandó *ordered*

matanza *slaughter*

Después de quedar en Cholula tres semanas, el ejército español continuó la marcha a la capital azteca con más de 6.000 aliados indios. El ejército llegó pronto a Tenochtitlán, donde fue recibido por el emperador Moctezuma.

Después de leer

Contesta en oraciones completas.

1. ¿Cuál fue la nación indígena que más resistencia opuso a los españoles?
2. ¿Los tlaxcaltecas llegaron a ser aliados de los españoles?
3. ¿Cuánto tiempo se quedaron los españoles en Tlaxcala?
4. ¿Qué era Tlaxcala?
5. ¿Quién envió mensajeros a los españoles?
6. ¿Qué mensaje le envió a Cortés?
7. De Tlaxcala, ¿para dónde fueron los españoles?
8. ¿Cómo recibieron los cholutecas a los españoles?
9. ¿Qué planearon los cholutecas?
10. ¿Qué hizo Cortés cuando se enteró de los planes de los cholutecas?
11. ¿Cuánto tiempo se quedó Cortés en Cholula?
12. De allí, ¿adónde fue?

Moctezuma recibe a Cortés

ⴷⴷⴷ

Cuando Cortés entró en la capital azteca con su pequeño ejército, el emperador Moctezuma junto con° varios nobles y una gran multitud de la población salió a recibirlo. Cortés y el emperador intercambiaron° regalos y entonces el capitán español y sus soldados fueron conducidos° a una residencia magnífica donde fueron hospedados°.

En la época de° la llegada de los españoles, Tenochtitlán era una ciudad grande y hermosa construida sobre un lago que tenía varios

junto con *along with*

intercambiaron *exchanged*

conducidos *led*

hospedados *housed, lodged*
En la época de *At the time of*

▲ Moctezuma

canales. Los comerciantes° ricos y los nobles
de la capital tenían residencias lujosas con
jardines hermosos. Además, las tiendas y los
mercados eran tan buenos como los que había
en España en aquel tiempo. Por lo general, las
casas eran de un solo piso y estaban
construidas con adobe o piedra.

    Los edificios más grandes de la ciudad eran
los templos de los dioses aztecas. El más
importante de estos fue consagrado° al dios
Huitzilopochtli. Este templo estaba situado en
el centro de la ciudad y tenía forma de
pirámide. En la cima° del templo ardía° una
llama° y cerca de la llama había altares en los
cuales se sacrificaban víctimas humanas, en
su mayor parte, prisioneros de guerra.

comerciantes *merchants*

consagrado *dedicated*

cima *top, summit*
ardía *burned*
llama *flame*

Después de leer

Contesta en oraciones completas.

1. ¿Quién recibió a Cortés a su llegada a Tenochtitlán?
2. ¿Qué intercambiaron Cortés y el emperador?
3. ¿Adónde fueron conducidos los españoles?
4. ¿Cómo era la ciudad?
5. ¿Cómo eran las residencias de los comerciantes ricos y de los nobles?
6. ¿Cómo eran las tiendas y mercados?
7. ¿Con qué se construían las casas?
8. ¿Cuáles eran los edificios más grandes de la ciudad?
9. ¿A qué dios fue consagrado el templo más importante de la ciudad?
10. ¿Dónde estaba este templo?
11. ¿Qué forma tenía?
12. ¿Qué tenía en la cima?
13. ¿Qué se sacrificaba en los altares?
14. ¿Quiénes eran estas víctimas en su mayor parte?

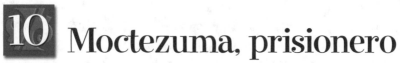

10 Moctezuma, prisionero

El emperador Moctezuma y Cortés se entrevistaron° varias veces desde el día de la llegada de los españoles a Tenochtitlán. Moctezuma no sólo era el emperador sino también el sacerdote principal de la religión azteca. Cortés era cristiano.

se entrevistaron *met*

Después de varias semanas de permanecer° en la capital azteca, los españoles empezaron a temer que los aztecas estuvieran planeando matarlos. Para garantizar° su seguridad°, Cortés concibió el plan de capturar al emperador Moctezuma. Cortés pensó que, haciendo a Moctezuma prisionero, los soldados aztecas no se atreverían a tocar° a los españoles. Así, un día Cortés fue adonde estaba Moctezuma y lo capturó.

permanecer *staying*

garantizar *guarantee*
seguridad *safety*

tocar *touch*

A partir de entonces,° Moctezuma tuvo que vivir en el palacio de Cortés. El emperador tenía mucha libertad y recibía la visita de los nobles y de sus amigos, pero no podía salir del palacio. Moctezuma estaba lógicamente muy triste. También los aztecas estaban muy tristes y contrariados°. Sin embargo, aunque el ejército español era pequeño, los aztecas no se atrevían a pelear° contra los españoles porque temían que mataran a su emperador.

A partir de entonces *Since then*

contrariados *upset*

pelear *to fight*

Después de leer

Contesta en oraciones completas.

1. Además de emperador, ¿qué era Moctezuma?
2. ¿De qué religión era Cortés?
3. ¿Qué empezaron a temer los españoles?
4. ¿Qué plan concibió Cortés?
5. ¿Qué pensó Cortés?
6. ¿Qué hizo Cortés un día?
7. ¿Dónde estaba prisionero el emperador?
8. ¿Tenía libertad el emperador?
9. ¿Podía recibir visitas? ¿Quién lo visitaba?
10. ¿Podía salir del palacio?
11. ¿Cómo estaba Moctezuma? ¿Y los aztecas?
12. ¿Por qué los aztecas no se atrevían a pelear contra los españoles?

Repaso 2

En su marcha a la capital azteca, Cortés fue primero con su pequeño ejército a las tierras de los indios totonacos. Los totonacos recibieron bien a los españoles y pronto se aliaron. Les dieron una gran cantidad de soldados indígenas para ayudarlos en su conquista. El ejército de Cortés tuvo que librar varias batallas contra grupos indígenas, pero los españoles y sus aliados ganaron casi todas.

Los tlaxcaltecas pelearon contra los españoles pero fueron derrotados y llegaron a ser sus aliados también. Cuando Cortés estuvo en la capital tlaxcalteca, Moctezuma envió mensajeros invitándolo a visitar la capital. De Tlaxcala los españoles fueron luego a Cholula, capital de otra nación indígena. Cuando Cortés se enteró de que los cholutecas estaban planeando matar a los españoles, él mandó matar a más de 6.000 cholutecas.

El ejército llegó pronto a la capital azteca, donde fue recibido por el emperador Moctezuma. Tenochtitlán era una ciudad grande y hermosa construida sobre un lago que tenía varios canales. Tenía casas y mercados tan buenos como los que había en España. Había muchos templos y el más importante de estos fue consagrado al dios Huitzilopochtli, donde se ofrecían sacrificios humanos.

Después de varias semanas de permanecer en la capital azteca, los españoles empezaron a temer que los aztecas estuvieran planeando matarlos. Para garantizar su seguridad, Cortés capturó al emperador Moctezuma. Aunque el ejército español era pequeño, los aztecas no se atrevían a pelear contra los españoles porque temían que mataran a su emperador.

Después de leer

Contesta en oraciones completas.

1. ¿Adónde fue Cortés primero?
2. ¿Cómo recibieron a los españoles estos indígenas?
3. ¿Qué pasó entre los españoles y los totonacos?
4. ¿Qué dieron los totonacos a los españoles?
5. ¿Quiénes más se aliaron con los españoles?
6. En Tlaxcala, ¿quién envió mensajeros a Cortés?
7. De Tlaxcala, ¿para dónde fueron los españoles?
8. ¿Qué estaban planeando los habitantes de Cholula?
9. ¿Qué hizo Cortés cuando se enteró del plan?
10. ¿Quién fue a recibir a Cortés a su llegada a la capital azteca?
11. ¿Cómo era la capital?
12. ¿Cuál era el templo más importante?
13. ¿Qué ofrecían en ese templo?
14. ¿Qué empezaron a temer los españoles después de algunas semanas?
15. ¿Qué hizo Cortés?
16. ¿Por qué los aztecas no se atrevían a pelear contra los españoles?

11 Llega una flota

Esa era la situación en Tenochtitlán cuando Cortés recibió noticias de la llegada a Veracruz de una flota° española. Velázquez, gobernador de Cuba y antiguo enemigo° de Cortés, había enviado a Veracruz una flota de 11 barcos, más de 900 soldados, 80 caballos y gran cantidad de cañones al mando de° Pánfilo de Narváez. Este tenía órdenes de capturar a Cortés y enviarlo de vuelta° a Cuba.

Cuando Cortés se enteró de esto, decidió ir a Veracruz y enfrentar° a Narváez. Así, partió de la capital con 140 soldados españoles y algunos guerreros indígenas, dejando° al resto de su ejército—unos 140 soldados españoles— en la capital azteca bajo el mando del capitán Pedro de Alvarado. En Cholula, camino a Veracruz, Cortés agregó° 120 soldados a su pequeño ejército.

Mientras tanto, Narváez había movido su ejército a Cempoala, capital de los totonacos. Como su ejército era mucho mayor que el de Cortés, Narváez no temía un ataque de este. Sin embargo, Cortés llegó a Cempoala pocos días después y lanzó° un ataque por la noche. Con sólo 260 soldados, logró tomar la ciudad defendida por 900 soldados.

Sólo murieron durante el ataque cuatro de los soldados de Cortés y quince de los soldados de Narváez. Los soldados de Narváez que fueron capturados luego se alistaron en° el ejército de Cortés y la mayor parte de ellos regresaron° a la capital con él.

flota *fleet*

enemigo *enemy*

al mando de *under the command of*

de vuelta *back*

enfrentar *face*

dejando *leaving*

agregó *added*

lanzó *launched*

se alistaron en *enlisted in*

regresaron *went back*

Después de leer

Contesta en oraciones completas.

1. ¿Cuál fue la noticia que recibió Cortés?
2. ¿Quién era Velázquez?
3. ¿Qué había enviado Velázquez a Veracruz?
4. ¿Bajo el mando de quién era la flota?
5. ¿Qué órdenes tenía Narváez?
6. ¿Qué hizo Cortés cuando se enteró de esto?
7. ¿Con cuántos soldados partió de la capital?
8. ¿A quién dejó en la capital azteca?
9. ¿Qué pasó en Cholula?
10. ¿Era más grande el ejército de Cortés o el ejército de Narváez?
11. ¿Esperaba Narváez un ataque de Cortés en Cempoala? ¿Por qué?
12. ¿Qué hizo Cortés al llegar a Cempoala?
13. ¿Quién ganó la batalla?
14. ¿Cuántos soldados murieron?
15. ¿Qué hicieron los soldados de Narváez que fueron capturados?

12 Otra cruel matanza

 Durante la ausencia° de Cortés de la capital,   **ausencia** *absence*
Pedro de Alvarado quiso mostrar una vez más
a los aztecas el poder de las fuerzas españolas.
Cuando los nobles aztecas planearon una gran
fiesta religiosa en el templo mayor, Alvarado
tuvo miedo. Cantaron y bailaron en la fiesta.
Los españoles temían que la ceremonia fuera
preludio a un ataque contra ellos.

 No se sabe si Alvarado reaccionó a rumores
o si se sentía vulnerable con la ausencia de
Cortés y con pocos soldados españoles en la
capital. Pero la ocasión para dar una lección a
los aztecas se presentó cuando tuvo lugar esta
gran fiesta religiosa. Alvarado entró en el
templo con sus soldados españoles y algunos
guerreros aliados y mató a más de 600 de los
principales nobles aztecas.

▲ Modelo de la capital de Tenochtitlán

Cuando los aztecas que estaban fuera del templo se enteraron de esta horrible matanza, se enfurecieron° y se sublevaron° en masa en contra de los conquistadores. Fue con gran dificultad que los españoles pudieron llegar a su cuartel°. Aunque la distancia del templo al cuartel no era larga, murieron seis soldados españoles en el camino. Después de que los españoles llegaron a su cuartel, todavía tuvieron que combatir a los aztecas. Los ataques continuaron durante varios días.

Mientras tanto, Alvarado había enviado mensajeros a Cortés, que ahora estaba en Veracruz, informándole de la situación peligrosa° de los españoles en la capital. Cortés inició la marcha a Tenochtitlán con 1.100 soldados españoles y algunos aliados indígenas, dejando sólo 100 soldados españoles para proteger° a Veracruz.

se enfurecieron *became infuriated*
se sublevaron *revolted*

cuartel *quarters*

peligrosa *dangerous*

proteger *protect*

Después de leer

Contesta en oraciones completas.

1. ¿Qué quiso mostrar Pedro de Alvarado?
2. ¿Qué planearon los nobles aztecas?
3. ¿Qué temían los españoles?
4. ¿Qué hizo Alvarado?
5. ¿Qué hicieron los aztecas cuando se enteraron de la matanza?
6. ¿Cuántos soldados murieron en el camino a su cuartel?
7. ¿Por cuánto tiempo continuaron los ataques?
8. ¿Qué hizo Alvarado después?

13 Muere el emperador

Cortés llegó rápidamente a Tenochtitlán y allí encontró todo tranquilo, pero vio que los aztecas se estaban preparando para matar a los españoles. Cortés decidió abandonar la capital, pero como los guerreros aztecas eran tan numerosos, esto parecía° imposible.

parecía *seemed*

Antes de irse, Cortés trató de hacer las paces° con los aztecas. Con este fin, el emperador Moctezuma, con órdenes de Cortés, salió a la azotea° del palacio de Cortés y se dirigió a los aztecas que estaban abajo en la calle y trató de apaciguarlos°.

hacer las paces *to make peace*

azotea *flat roof of a building*

apaciguarlos *to appease them*

El pueblo azteca estaba tan enfurecido por la cobardía° de su emperador que le tiró° piedras. Una de estas piedras le dio al emperador en la frente° y causó una herida° grave. Algunos días después, Cortés mató al pobre emperador.

cobardía *cowardliness*
tiró *threw*

frente *forehead*
herida *wound*

Después de la muerte de Moctezuma, un hermano menor del emperador, llamado Cuitláhuac, se convirtió en el nuevo emperador de los aztecas. Cuitláhuac era un guerrero muy valiente y, bajo su mando, los aztecas pelearon ferozmente° contra los españoles. Tristemente, el nuevo emperador murió cinco meses después.

ferozmente *fiercely*

Entonces se convirtió en emperador Cuauhtémoc, hombre de gran valentía que continuó la guerra contra los conquistadores españoles.

Contesta en oraciones completas.

1. ¿Cómo encontró la capital Cortés a su llegada?
2. ¿Qué estaban haciendo los aztecas?
3. ¿Qué decidió hacer Cortés?
4. ¿Por qué esto parecía imposible?
5. ¿Qué trató de hacer Cortés con los aztecas?
6. ¿Quién salió a la azotea del palacio de Cortés?
7. ¿Qué hizo Moctezuma en la azotea?
8. ¿Qué hicieron los aztecas que estaban en la calle? ¿Por qué?
9. ¿Qué le pasó al emperador?
10. ¿Cómo murió Moctezuma?
11. ¿Quién se convirtió en emperador?
12. ¿Cómo era el nuevo emperador?
13. ¿Cuándo murió Cuitláhuac?
14. ¿Quién se convirtió en emperador al morir Cuitláhuac?

14 La noche triste

Viendo que la situación iba empeorando° cada día, Cortés decidió abandonar la capital la noche del 1 de julio de 1520. Para salir de la ciudad, los soldados españoles tenían que cruzar° seis canales cuyos° puentes habían sido destruidos por los aztecas. El ejército español era tan pequeño y el ejército azteca tan grande que los españoles vieron que era casi imposible cruzar los canales. Los guerreros aztecas lucharon° contra los españoles en las calles; tiraron piedras desde las azoteas de las casas e hicieron todo lo posible para matarlos.

Después de una matanza sanguinaria° en la que Cortés perdió la mitad de sus tropas españolas, 4.000 aliados indígenas, casi todas sus armas de fuego y la mayor parte del tesoro° que había tomado del palacio de Moctezuma, Cortés logró salir de la capital y escapó de los aztecas.

Se dice° que, después de escapar de la ciudad, Cortés llegó a un lugar cerca de la ciudad y estaba tan triste que se sentó debajo de un árbol para llorar° su derrota y la pérdida° de tantos soldados valientes y de los ricos tesoros que él había dejado. En la distancia, él podía ver a los sacerdotes aztecas en la cima del templo mayor ofreciendo a sus dioses el corazón de los prisioneros españoles. Por eso se llama «La noche triste».

No se sabe si esto es leyenda o si fue un hecho verídico°, pero sí se sabe que Cortés empezó inmediatamente después a hacer planes para atacar la ciudad.

empeorando *worsening*

cruzar *cross*
cuyos *whose*

lucharon *fought*

sanguinaria *bloody*

tesoro *treasure*

Se dice *It is said*

llorar *to cry*
pérdida *loss*

verídico *actual*

Después de leer

Contesta en oraciones completas.

1. ¿Cómo estaba la situación en la capital?
2. ¿Qué decidió hacer Cortés?
3. ¿Cuándo decidió abandonar la capital?
4. ¿Qué tenían que cruzar los españoles para poder salir?
5. ¿Cómo era el ejército de los españoles? ¿Y el de los aztecas?
6. ¿Qué hicieron los aztecas cuando los españoles trataban de salir de la ciudad?
7. ¿Logró Cortés salir de la ciudad?
8. ¿Qué perdió al escapar?
9. ¿A qué lugar llegó?
10. ¿Qué hizo Cortés en ese lugar, según dicen?
11. ¿Qué podía ver él en la distancia?
12. ¿Qué planes empezó a hacer Cortés después de salir de la capital azteca?

Repaso 3

Cortés recibió noticias de la llegada a Veracruz de una flota española al mando de Pánfilo de Narváez. Velázquez, gobernador de Cuba, lo había enviado con órdenes de capturar a Cortés y enviarlo de vuelta a Cuba. Al enterarse de esto, Cortés partió de la capital y fue a Cempoala. Atacó por la noche con su pequeño ejército y derrotó al ejército mucho más numeroso de Narváez. Cortés tomó la ciudad y después los soldados de Narváez se alistaron en el ejército de Cortés.

Durante la ausencia de Cortés de la capital, el oficial que estaba al mando de los españoles, Pedro de Alvarado, mató a cientos de nobles aztecas durante una fiesta religiosa en el templo mayor. Esto enfureció a los aztecas, quienes se sublevaron en masa contra los españoles. Fue con gran dificultad que los españoles pudieron llegar a su cuartel. Los aztecas atacaron el cuartel durante varios días. Luego Cortés volvió a la capital con un ejército mayor.

Cuando Cortés llegó a Tenochtitlán, encontró todo tranquilo, pero vio que los aztecas se estaban preparando para matar a los españoles. Cortés trató de hacer las paces con los aztecas y ordenó al emperador que tratara de apaciguarlos. Pero los aztecas tiraron piedras; una le causó al emperador una herida grave. Poco tiempo después, Cortés mató al emperador. Cuitláhuac se convirtió en emperador y peleó contra los españoles, pero murió cinco meses después. Entonces subió a ser emperador Cuauhtémoc, hombre de gran valentía.

Una noche Cortés decidió abandonar la capital. Durante la salida, los aztecas lucharon tan ferozmente que Cortés perdió más de la mitad de sus tropas españolas, gran cantidad de soldados aliados indígenas, casi todas sus armas de fuego y la mayor parte de sus tesoros. Se dice que entonces el capitán español se sentó debajo de un árbol a llorar su derrota.

Después de leer

Contesta en oraciones completas.

1. ¿Qué noticia recibió Cortés?
2. ¿A quién había enviado a Veracruz el gobernador de Cuba?
3. ¿Qué órdenes tenía Narváez?
4. ¿Cortés salió de la capital azteca con un ejército grande o pequeño?
5. ¿Dónde y cuándo atacó Cortés al ejército de Narváez?
6. ¿Qué hicieron los soldados de Narváez después de la batalla?
7. ¿Qué hizo Pedro de Alvarado durante la ausencia de Cortés?
8. ¿Qué hicieron los aztecas?
9. ¿Cómo era la capital cuando llegó Cortés?
10. ¿Para qué se estaban preparando los aztecas?
11. ¿Qué trató de hacer Cortés? ¿A quién envió para hablar con los aztecas?
12. ¿Cómo reaccionaron los aztecas?
13. ¿Qué hizo después Cortés con Moctezuma?
14. Después de Moctezuma, ¿quién fue emperador?
15. ¿Quién fue emperador después de él?
16. ¿Cómo era Cuauhtémoc?

15 El sitio de la capital

Después de su derrota en la capital azteca, Cortés fue a Tlaxcala luchando en el camino contra los ejércitos aztecas que encontró, pero ganando las batallas. En Tlaxcala fue bien recibido por sus antiguos aliados. Quedó allí algún tiempo curando° a los soldados heridos y preparando la conquista de la capital.

curando *curing*

En la capital tlaxcalteca, Cortés agregó a su ejército fuerzas españolas que habían venido a México de España y Cuba. Cortés construyó trece barcos para combatir contra las canoas aztecas en el lago Texcoco y en los canales de la capital.

Cuando volvió una vez más a la capital azteca, el conquistador español inició el sitio° de la ciudad por tierra y por agua. El sitio duró° setenta y cinco días. Aunque el nuevo emperador Cuauhtémoc había hecho gran provisión de maíz°, el alimento° principal de los aztecas, había un número tan grande de guerreros aztecas y aliados en la ciudad que mucho antes de que acabara el sitio los habitantes de la ciudad empezaron a sufrir hambre. También sufrieron falta° de agua cuando Cortés destruyó el acueducto que abastecía de° agua a los aztecas.

sitio *siege*

duró *lasted*

maíz *corn*
alimento *food*

falta *lack*

abastecía de *supplied*

A pesar de° esto, los aztecas lucharon valientemente bajo el mando de su emperador. Se libraron grandes batallas donde ganaron algunas veces los aztecas y los españoles otras. En varias ocasiones Cortés envió al emperador mensajeros proponiéndole° su rendición°, pero Cuauhtémoc siempre respondía que los aztecas preferían la muerte a la rendición.

A pesar de *In spite of*

proponiéndole *proposing to him*
rendición *surrender*

Después de leer

Contesta en oraciones completas.

1. ¿Adónde fue Cortés después de su derrota en la capital?
2. ¿Contra quién peleó en el camino a Tlaxcala?
3. ¿Cómo fue recibido por sus antiguos aliados?
4. ¿Qué hizo Cortés allí?
5. ¿Qué agregó a su ejército?
6. ¿Qué construyó Cortés? ¿Para qué?
7. ¿Qué hizo al llegar a la capital azteca?
8. ¿Cuál era el alimento principal de los aztecas?
9. ¿Fue suficiente el maíz que había en la capital?
10. ¿Qué destruyó Cortés?
11. ¿Para qué envió Cortés mensajeros al emperador?
12. ¿Qué respondía siempre el emperador?

16 Cae la capital

Después de un largo sitio, los españoles tomaron la capital y capturaron al emperador quien trataba de escapar con su familia en una canoa por el lago.

A consecuencia° del sitio, murieron más de 100.000 aztecas tanto a manos de los soldados españoles y sus aliados como de hambre y de sed. También murieron más de 100 soldados españoles y una gran cantidad de aliados.

A consecuencia *As a result*

Cuando comenzó el sitio, Tenochtitlán tenía una población de 300.000 habitantes. Era la ciudad más grande y más rica de todo el continente americano. Durante el sitio, Cortés destruyó la mayor parte de la ciudad y su población fue reducida a una pequeña parte de lo que había sido.

Después de capturar a Cuauhtémoc, Cortés trató de obligarle° a decir donde estaba el tesoro del emperador Moctezuma, parte del cual los españoles habían perdido en la famosa «Noche triste». Pero el emperador se negó° a decir donde estaba.

obligarle *force him*

se negó *refused*

Entonces Cortés mandó torturar a Cuauhtémoc y a otro rey vasallo°, quemándolos° en una parrilla°. Cuando el fuego empezó a quemarle los pies, el rey vasallo se quejó° de su sufrimiento° al emperador. Cuauhtémoc entonces le dijo:

rey vasallo *vassal king*

quemándolos *burning them*
parrilla *grate*

se quejó *complained*
sufrimiento *suffering*

—¿Cree usted que estoy en un lecho° de rosas?

lecho *bed*

El rey vasallo murió sin decir a los españoles donde estaba el tesoro y los españoles nunca lo encontraron. Luego Cortés mató al valiente emperador Cuauhtémoc.

Después de leer

Contesta en oraciones completas.

1. ¿Pudieron tomar la ciudad los españoles?
2. ¿A quién capturaron?
3. ¿Qué hacía el emperador cuando fue capturado?
4. ¿Cuántos murieron a consecuencia del sitio?
5. ¿Qué población tenía Tenochtitlán cuando comenzó el sitio?
6. ¿Qué destruyó Cortés durante el sitio?
7. ¿Qué pasó con la población?
8. ¿A quién trató de obligar a decir donde estaba el tesoro?
9. ¿Contó Cuauhtémoc donde estaba?
10. ¿Qué hizo entonces Cortés?
11. ¿Qué hizo el rey vasallo cuando el fuego empezó a quemarle?
12. ¿Qué contestó Cuauhtémoc?
13. ¿Contó entonces Cuauhtémoc o el rey vasallo donde estaba el tesoro?
14. ¿Pudieron los españoles encontrar el tesoro?

17 La época colonial

Con la caída° del imperio azteca, Cortés fue nombrado gobernador y capitán general de las nuevas tierras conquistadas por el emperador Carlos V de España. La nueva provincia española se llamó Nueva España.

    caída *fall*

Terminada la conquista, el gobierno de Nueva España fue durante algunos años puramente militar bajo la dirección de Cortés.

Una de las primeras cosas que hizo Cortés fue reconstruir la capital que él había destruido durante la conquista. Construyó calles más anchas, casas más sólidas y otros edificios. Tristemente, él no pudo reponer° los jardines y las obras° de arte que los españoles habían destruido. Por muchos años, la capital no volvió a ser ni tan grande ni tan hermosa como en la época de los aztecas.

    reponer *replace*
    obras *works*

Cortés destruyó todos los templos de los aztecas y en el lugar donde estaba el templo mayor construyó una catedral cristiana. De España vino una gran cantidad de misioneros para evangelizar a los indígenas. Muchos de estos misioneros fundaron escuelas para los indios y los defendieron en contra del abuso de los españoles.

Uno de estos misioneros que vino de España para evangelizar a los indígenas fue el padre Bartolomé de las Casas. Las Casas fue uno de los primeros españoles en abogar° por el buen trato° a los indígenas, a quienes muchos de los europeos consideraban subhumanos. Escribió obras donde acusaba el maltrato que se daba a los indígenas y abogaba por un trato más humano.

    abogar *to advocate*
    trato *treatment*

Cuatro siglos después, durante la Segunda guerra mundial, dieron el nombre de las Casas a un campamento de soldados estadounidenses en Puerto Rico en honor a este misionero católico que tanto defendió los derechos° de los indios.

derechos *rights*

▲ Bartolomé de las Casas

Después de leer

1. ¿Quién fue nombrado gobernador y capitán general de Nueva España?
2. ¿Por quién fue nombrado?
3. ¿Cómo se llamó la nueva provincia española?
4. ¿Qué tipo de gobierno tuvo al principio la provincia?
5. ¿Qué fue una de las primeras cosas que hizo Cortés?
6. ¿Qué no pudo reponer?
7. ¿Volvió a ser la capital tan grande y tan hermosa como antes?
8. ¿Qué hizo Cortés con los templos de los aztecas?
9. ¿Qué construyó en el lugar donde estaba el templo principal?
10. ¿Quiénes vinieron de España a evangelizar a los indígenas?
11. ¿Quién fue el padre Bartolomé de las Casas?
12. ¿Qué abogaba las Casas?

18 Nueva España

La mayoría de la gente que venía a Nueva España era hombres que venían en busca de riquezas o aventuras. Muchos venían con intención de hacer fortuna y de volver a España ricos, pero no todos lo lograron. La vida en Nueva España era difícil y muchos morían sin alcanzar su meta°.

meta *goal*

Los indígenas derrotados sufrieron abusos por parte de muchos españoles. Su pueblo fue casi exterminado y su cultura y civilización destruidas. No se les consideraba seres° humanos y se les trataba° como animales. Muchos de los misioneros, sin embargo, defendieron a los indígenas.

seres *beings*
se les trataba *were treated*

En aquella época, los españoles dividían a los habitantes en varias clases sociales: los peninsulares, españoles nacidos° en España; los criollos, hijos de españoles pero nacidos en Nueva España; los mestizos, hijos de españoles e indias; y los indios de raza° pura. La clase más alta era la de los peninsulares. Se les llamaba así porque venían de Europa, de la península ibérica. La clase más baja era la de los indios.

nacidos *born*

raza *race*

Los altos cargos° estaban en manos de los peninsulares. Los criollos ocupaban cargos inferiores. Los mestizos y los indios no ocupaban cargos en el gobierno ni tenían derechos políticos.

cargos *positions*

Los conquistadores españoles trajeron a Nueva España la lengua, la religión, las costumbres, la cultura y la civilización de España. Fundaron varias universidades y produjeron° magníficas obras de arquitectura y escultura. Por ejemplo, la Universidad Nacional Autónoma de México fue fundada

produjeron *produced*

casi cien años antes que la primera
universidad fundada en los Estados Unidos.

Los conquistadores llevaron a España el
chocolate, el tomate, el cacao, el maíz, el
cacahuate° y otras plantas y productos que no
se conocían en Europa.

cacahuate *peanut*

▲ La Biblioteca Central, Universidad Nacional Autónoma de México

Después de leer

Contesta en oraciones completas.

1. ¿Qué tipo de gente venía a Nueva España?
2. ¿Con qué meta venían? ¿La alcanzaban todos?
3. ¿Qué pasó con los indígenas después de haber sido conquistados?
4. ¿Cómo se les trataba?
5. ¿Cuántas clases sociales había en aquella época? ¿Cuáles eran?
6. ¿Cuál era la clase más alta? ¿Y la más baja?
7. ¿Quiénes ocupaban los cargos más altos?
8. ¿Qué derechos políticos tenían los mestizos?
9. ¿Qué trajeron los españoles a Nueva España?
10. ¿Qué llevaron los españoles a España?

Después de su derrota en la capital azteca, Cortés fue a Tlaxcala donde se preparó para conquistar la capital. Allí agregó a su ejército soldados españoles e indígenas. También construyó barcos. Cortés sitió la ciudad de Tenochtitlán por tierra y por agua. Se libraron grandes batallas donde ganaron algunas veces los aztecas y otras los españoles. Después de un sitio de setenta y cinco días, Cortés tomó la ciudad y capturó al emperador Cuauhtémoc.

Cuando comenzó el sitio, Tenochtitlán era la ciudad más grande y más rica de todo el continente americano. Durante el sitio, Cortés destruyó la mayor parte de la ciudad y redujo su población. Aunque fue torturado por Cortés, el emperador Cuauhtémoc se negó a decirle dónde estaba el tesoro de Moctezuma. Cortés luego mató a Cuauhtémoc.

Cortés reconstruyó la capital en parte, aunque por muchos años nunca volvió a ser ni tan grande ni tan hermosa como antes. Cortés destruyó todos los templos aztecas y de España vinieron misioneros católicos a evangelizar a los indígenas—entre ellos el padre Bartolomé de las Casas, defensor de los derechos de los indios.

En la época de la colonia, los españoles dividían a los habitantes en varias clases sociales: los peninsulares, los criollos, los mestizos y los indios. La clase más alta era la de los peninsulares y la más baja la de los indios.

Los españoles trajeron a Nueva España la cultura española y llevaron a España plantas y productos que no se conocían en Europa.

Después de leer

Contesta en oraciones completas.

1. ¿Adónde fue Cortés después de su derrota en Tenochtitlán?
2. ¿Qué hizo allí?
3. ¿Cortés sitió la capital azteca sólo por tierra?
4. ¿Cuánto duró el sitio?
5. ¿Cortés pudo capturar al emperador cuando tomó la ciudad?
6. ¿Cómo se llamaba el emperador azteca?
7. ¿Cómo era Tenochtitlán antes del sitio?
8. ¿Qué destruyó Cortés durante el sitio?
9. ¿Contó Cuauhtémoc dónde estaba el tesoro de Moctezuma?
10. ¿Reconstruyó Cortés toda la capital después de tomarla?
11. ¿Para qué venían los misioneros católicos?
12. ¿Quién fue Bartolomé de las Casas?
13. ¿En cuántas clases estaba dividida la población? ¿Cuáles eran?
14. ¿Cuál era la clase más alta y la más baja?
15. ¿Qué trajeron los españoles a Nueva España?
16. ¿Qué llevaron a España?

19 La guerra de independencia

ꬹꬹ

Los mexicanos estuvieron 300 años bajo el dominio de España. El pueblo mexicano deseaba tener un gobierno propio. Cuando las colonias de América del Norte se independizaron° de Inglaterra en 1776 y cuando los franceses acabaron con la monarquía y crearon una república en Francia en 1789, los mexicanos vieron que podían hacer lo mismo en Nueva España.

se independizaron *won their independence*

En 1808, España fue invadida y ocupada por el ejército francés al mando de Napoleón Bonaparte. El rey español fue depuesto° y Napoleón puso a su hermano José Bonaparte en su lugar. España estuvo bajo el dominio francés hasta 1814. Los colonos vieron entonces el momento oportuno para separarse de España.

depuesto *deposed*

En el año 1810, un sacerdote católico, Miguel Hidalgo, del pequeño pueblo de Dolores, proclamó la independencia de México. Con un pequeño ejército atacó a las tropas españolas en varias ciudades y ganó varias batallas. Muchos mexicanos se alistaron en el ejército de Hidalgo y el padre siguió° derrotando a los españoles y capturando ciudades.

siguió *continued*

Por fin, Hidalgo llegó a la ciudad de México con un ejército de 100.000 mexicanos. En la capital había solamente 3.000 soldados españoles pero por alguna razón él no atacó la capital y fue al norte. Allí muchos de los soldados mexicanos desertaron del ejército de Hidalgo. Luego él perdió varias batallas y fue finalmente capturado y muerto° por los españoles.

muerto *killed*

Después de la muerte de Hidalgo, otros patriotas mexicanos continuaron la guerra de independencia. Morelos fue uno de los más ilustres. Él peleó algún tiempo contra los españoles y convocó° el primer congreso que creó varias leyes° de reforma. Pero los españoles lo capturaron y lo ejecutaron.

convocó *called*

leyes *laws*

En septiembre de 1821, Iturbide y Guerrero, dos generales mexicanos, derrotaron a los españoles, tomaron la capital y ganaron la independencia. Con la independencia de Nueva España, España perdió una de sus más ricas colonias en América.

Después de leer

Contesta en oraciones completas.

1. ¿Cuántos años estuvieron los mexicanos bajo el dominio español?
2. ¿Qué deseaban los colonos mexicanos?
3. ¿Qué vieron en la independencia de las colonias inglesas y en la revolución francesa?
4. ¿Qué pasó en España en 1808?
5. ¿Cuánto tiempo duró la ocupación de España?
6. ¿Qué hizo Hidalgo en 1810?
7. ¿Quién fue él?
8. ¿Qué hizo Hidalgo cuando llegó a la capital con su ejército?
9. ¿Qué pasó cuando Hidalgo fue al norte?
10. ¿Quién fue Morelos? ¿Qué hizo él?
11. ¿Qué hizo el congreso convocado por Morelos?
12. ¿Cuándo cayó la capital y se ganó la independencia?

20 La intervención francesa

Durante la guerra civil de los Estados Unidos, el emperador francés Napoleón III envió un ejército francés a conquistar México. Napoleón III sabía que los Estados Unidos no podía enviar tropas para defender a México en ese momento. Napoleón III pretendía establecer una colonia francesa en el Nuevo Mundo.

Su primer intento° fue en el año 1862. Los franceses llegaron a Veracruz y empezaron la marcha a Puebla con más de 6.000 tropas. No esperaban ninguna oposición por parte de los mexicanos. Pero el presidente Benito Juárez mandó al general Ignacio Zaragoza a defender la ciudad. Por la mañana del cinco de mayo los mexicanos opusieron el ataque de los franceses. El general Porfirio Díaz logró derrotar a los franceses y se retiraron. Hoy el cinco de mayo es una celebración nacional para honrar esta derrota.

intento *attempt*

Pero Francia seguiría con sus planes. En 1864 Napoleón III proclamó a Maximiliano de Habsburgo emperador de México. Maximiliano llegó a la capital de México con su esposa, la archiduquesa Carlota. Los dos fueron muy bien recibidos por algunos de los mexicanos. Mientras tanto, el presidente Juárez había escapado al norte con su gabinete°.

gabinete *cabinet*

Aunque el partido conservador y la iglesia apoyaban al emperador Maximiliano, los mestizos y los indios que integraban° la mayoría de la población no querían un gobierno francés.

integraban *made up*

Al terminar la guerra civil en los Estados Unidos, el presidente Lincoln envió al general Grant con un ejército a la frontera con México y exigió° a Napoleón III que sacara sus tropas del país.

    exigió demanded

La emperatriz Carlota fue a París a pedirle a Napoleón que dejara las tropas francesas en México. Sin embargo, Napoleón III no quería entrar en guerra con los Estados Unidos y retiró las tropas francesas de México. Carlota quedó desesperada.

Después de la retirada de los soldados franceses, el presidente Juárez fue al sur para atacar a Maximiliano. El emperador salió a la cabeza de un ejército mexicano para combatir a Juárez. Después de un sitio de más de setenta días en Querétaro, Maximiliano ofreció su rendición. Juárez lo arrestó y las cortes decidieron su destino. En junio de 1867, el emperador Maximiliano fue ejecutado junto con dos de sus generales.

A la muerte de Maximiliano, los liberales bajo el liderazgo° de Juárez unificaron el país. La pobre Carlota regresó a Europa.

    liderazgo leadership

Después de leer

Contesta en oraciones completas.

1. ¿Qué envió Napoleón III a México durante la guerra civil de los Estados Unidos?
2. ¿Creía Napoleón que los Estados Unidos enviarían tropas a México? ¿Por qué?
3. ¿Qué pretendía Napoleón III?
4. ¿Cuándo fue el primer intento?
5. ¿Qué importancia tiene el cinco de mayo?
6. ¿A quién proclamó Napoleón III emperador de México en 1864?
7. ¿Con quién vino Maximiliano a México?

8. ¿Cómo los recibieron algunos de los mexicanos?
9. ¿Quién era presidente de México en esa época?
10. ¿Qué hizo él cuando llegó Maximiliano?
11. ¿Quiénes apoyaban a Maximiliano? ¿Quiénes no?
12. ¿Qué hizo el presidente Lincoln al terminar la guerra civil estadounidense?
13. ¿Qué exigió a Napoleón III?
14. ¿Qué hizo Napoleón III?
15. ¿Qué hizo Juárez después de la retirada de los soldados franceses?
16. ¿Qué hizo el emperador Maximiliano cuando se enteró del ataque?
17. ¿En qué ciudad fue sitiado?
18. ¿Quién ofreció su rendición?
19. ¿Cuál fue la decisión de la corte?
20. ¿Qué hicieron los liberales después de la derrota de Maximiliano?

▲ Benito Juárez

21 Después de la revolución

ᄅᄅ

Con la muerte de Benito Juárez en 1872, el pueblo mexicano perdió otra oportunidad para lograr una paz y libertad completas. Esta oportunidad no volvió sino hasta medio siglo más tarde.

En 1876 el general Porfirio Díaz, el héroe del cinco de mayo, depuso al nuevo gobierno del presidente Sebastián Lerdo, quien se exilió en los Estados Unidos. Díaz estableció una dictadura° y no respetó la constitución. Durante aquellos años era muy común matar o arrestar a los enemigos del gobierno.

dictadura *dictatorship*

Esta situación duró hasta 1910, año en que Francisco Madero, un liberal rico, decidió por fin acabar con el gobierno de Díaz por medio de la violencia y las armas. El pueblo mexicano se organizó como pudo y atacó y derrotó al ejército federal. También atacó varios pueblos y haciendas. En 1911, Díaz se fue de México.

La presidencia de Madero fue corta y sin las grandes reformas que muchos habían deseado y por las que muchos habían dado la vida. En 1913, otro general, Victoriano Huerta, tomó el poder y ordenó matar a Madero.

Otra vez el país quedaba dividido. Una parte de los mexicanos apoyaba la dictadura de Huerta y la otra apoyaba a su opositor° Venustiano Carranza. El presidente Wilson de los Estados Unidos también estaba del lado de Carranza.

opositor *opponent*

Como el gobierno mexicano había arrestado a unos marineros estadounidenses en 1914, Estados Unidos ocupó Veracruz para cortar el envío de armas del puerto al gobierno mexicano de Huerta. Poco tiempo después, Carranza capturó la ciudad de México y tomó el poder. Como no estaban satisfechos° con el gobierno de Carranza y deseaban reformas más importantes que beneficiaran a los pobres, Pancho Villa y Emiliano Zapata lucharon contra Carranza.

satisfechos *satisfied*

▲ Porfirio Díaz

Carranza convocó una convención para elaborar otra constitución, la de 1917. Esta constitución dio al gobierno un mayor control sobre la educación, la iglesia, la agricultura y varias industrias. También admitió los sindicatos°. Sin embargo, a pesar de las reformas de la constitución, el nuevo presidente hizo poco por el país. En 1920, hubo otra rebelión. Carranza fue asesinado y el general Álvaro Obregón subió a la presidencia.

sindicatos *unions*

Después de leer

Contesta en oraciones completas.

1. ¿Qué perdió el pueblo mexicano con la muerte de Benito Juárez?
2. ¿Cómo fue el gobierno de Porfirio Díaz?
3. ¿Qué hizo Francisco Madero?
4. ¿Qué pasó con Díaz?
5. ¿Qué ocurrió en 1913?
6. ¿Cómo estaba el país en ese tiempo?
7. ¿Qué pasó en 1914 cuando México arrestó a marineros estadounidenses?
8. ¿Por qué Pancho Villa y Emiliano Zapata lucharon contra Carranza?
9. ¿Qué se elaboró en 1917? ¿Qué reformas hubo?
10. ¿Fueron suficientes estas reformas? ¿Qué ocurrió?

22 Obregón al presente

Obregón y su sucesor, Plutarco Elías Calles, continuaron las reformas sociales y económicas que la revolución había iniciado. Calles formó el primer partido político de México: el Partido Revolucionario Institucional o el PRI. Durante más de setenta años, este partido monopolizó la política mexicana ganando todas las elecciones.

Bajo la presidencia del general Lázaro Cárdenas se realizaron aun más reformas agrícolas y se impuso un control sobre algunas compañías extranjeras de petróleo. Después de 1940, la economía de México creció aceleradamente. Terminada la Segunda guerra mundial, la industria mexicana sufrió grandes mejoras. Se empezaron a producir aparatos° eléctricos, automóviles, productos químicos y acero°. También se mejoraron las carreteras, los ferrocarriles°, el transporte aéreo y los sistemas de irrigación. El país comenzó a exportar una mayor cantidad de productos industriales y agrícolas y el turismo se extendió.

A finales de la década de los sesenta, el descontento con el gobierno crecía y se produjeron manifestaciones°. Durante los Juegos Olímpicos de México de 1968, hubo protestas y los manifestantes fueron masacrados por tropas armadas del gobierno.

aparatos *devices, appliances*
acero *steel*
ferrocarriles *railways*

manifestaciones *protests*

Con el petróleo México experimentó un auge° económico a finales de la década de los setenta, pero en la década de los ochenta sufrió una de sus peores recesiones. En 1985, se produjo un fuerte terremoto° en la ciudad de México que mató a miles de personas y destruyó cientos de edificios.

auge *boom*

terremoto *earthquake*

▲ Vicente Fox

A finales de la década de los ochenta y a principios de los noventa, se renegoció la deuda° nacional e inició un programa de privatización. En 1994, se firmó el acuerdo de libre comercio NAFTA entre México, Estados Unidos y Canadá. Pero meses después el país experimentó una grave recesión económica, produciendo un éxodo de mexicanos a los Estados Unidos.

deuda debt

En julio de 2000, ganó la presidencia del país Vicente Fox, del Partido de Acción Nacional o el PAN, y con su elección terminaron los setenta y un años de dominio del PRI.

Después de leer

Contesta en oraciones completas.

1. ¿Qué formó el presidente Calles?
2. ¿Cuántos años monopolizó el PRI la política mexicana?
3. ¿Qué hizo Lázaro Cárdenas durante su presidencia?
4. ¿Qué pasó con la economía mexicana en la década de los cuarenta?
5. ¿Qué ocurrió durante los Juegos Olímpicos en México?
6. ¿Cómo estaba la economía a finales de la década de los setenta?
7. ¿Qué sufrió la economía en la década de los ochenta?
8. ¿Qué ocurrió en 1985 en la ciudad de México?
9. ¿Qué consecuencias tuvo el terremoto?
10. ¿Qué es NAFTA?
11. ¿Cuándo se firmó el acuerdo?
12. ¿Qué pasó meses después?
13. ¿Quién ganó la presidencia en 2000?
14. ¿De qué partido era?

Repaso 5

Los mexicanos estuvieron 300 años bajo el dominio de España. El pueblo mexicano deseaba tener un gobierno propio. Cuando España fue invadida y ocupada por los franceses, los colonos vieron el momento oportuno para separarse de España. Miguel Hidalgo empezó el movimiento de independencia en 1810 en el pequeño pueblo de Dolores. Otros patriotas mexicanos continuaron la guerra. Morelos peleó contra los españoles y creó leyes de reforma. En 1821, los generales Iturbide y Guerrero derrotaron a los españoles y ganaron la independencia.

Durante la guerra civil de los Estados Unidos, el emperador francés, Napoleón III, envió un ejército francés a conquistar México. En su primer intento, los franceses fueron derrotados por los mexicanos en Puebla el cinco de mayo de 1862. En el segundo intento, Napoleón proclamó a Maximiliano emperador de México. Algunos apoyaban al emperador, pero muchos no querían un gobierno francés. El presidente Lincoln envió un ejército a la frontera con México y exigió a Napoleón que sacara sus tropas. Napoleón no quería entrar en guerra contra los Estados Unidos y retiró sus tropas. Maximiliano salió a la cabeza de un ejército para combatir al presidente Juárez. Juárez lo arrestó y en 1867, Maximiliano fue ejecutado.

Después de la muerte de Juárez, Porfirio Díaz estableció una dictadura. El gobierno no respetaba la constitución. Esta situación duró muchos años hasta que Francisco Madero organizó al pueblo mexicano y derrotó al ejército federal de Díaz. Después de Madero, otro general, Victoriano Huerta, tomó el poder. Su opositor, Venustiano Carranza, tenía el apoyo de los Estados Unidos y en 1914, tomó el poder. Pancho Villa y Emiliano Zapata deseaban reformas que beneficiaran a los pobres y lucharon contra Carranza. Carranza elaboró otra constitución en 1917 y dio al gobierno mayor control sobre la educación, la iglesia, la agricultura y varias industrias

En 1920, hubo otra rebelión y Álvaro Obregón subió a la presidencia.

Obregón y Plutarco Calles continuaron reformas sociales y económicas. Calles formó el primer partido político de México, el Partido Revolucionario Institucional (PRI). El presidente Lázaro Cárdenas continuó aun más reformas agrícolas e impuso control sobre compañías extranjeras de petróleo. Después de 1940, la economía de México creció aceleradamente. México experimentó un auge económico a finales de la década de los setenta, pero en la década de los ochenta sufrió una de sus peores recesiones. A principios de los noventa se renegoció la deuda nacional e inició un programa de privatización. En 1994 se firmó el acuerdo de libre comercio NAFTA entre México, Estados Unidos, y Canadá. En julio de 2000, ganó la presidencia del país Vicente Fox, del Partido de Acción Nacional (PAN), terminando así setenta y un años de dominio del PRI.

Después de leer

A Contesta en oraciones completas.

1. ¿Por cuántos años estuvieron bajo el dominio de España los mexicanos?
2. ¿Qué fue el momento oportuno para separarse de España?
3. ¿En qué año ganó la independencia México?
4. ¿Qué pasó el cinco de mayo de 1862?
5. ¿Qué fue el segundo intento de Napoleón III?
6. ¿Por qué sacó sus tropas Napoleón III?
7. ¿Qué estableció Porfirio Díaz?
8. ¿Qué elaboró Carranza?
9. ¿Quiénes lucharon contra Carranza?

10. ¿Cómo se llama el primer partido político de México?
11. ¿Cuándo creció aceleradamente la economía de México?
12. ¿Cuándo sufrió uno de sus peores recesiones México?
13. ¿Qué es NAFTA?
14. ¿Qué pasó en julio de 2000?

B **Actividades adicionales**

1. Escoge una persona importante de la historia de México. Haz investigaciones en la biblioteca y escribe una composición sobre la vida, la carrera y la influencia de esta persona en la historia del país.

2. Escoge un período de tiempo en la historia de México. Escribe una composición comparando los sucesos en México en aquella época y los sucesos en los Estados Unidos en aquella época. Haz investigaciones en la biblioteca.

3. Escoge una civilización antigua (olmeca, maya, azteca) mencionada en las lecturas. Haz investigaciones en la biblioteca y escribe una composición sobre su cultura, su vida, sus creencias y sus invenciones.

Lazarillo de Tormes

(Adaptación)

ᘒᘒᘒᘒᘒᘒᘒᘒᘒᘒᘒᘒᘒ Introducción ᘒᘒᘒᘒᘒᘒᘒᘒᘒᘒᘒᘒᘒ

En el siglo XVI España fue la nación más poderosa del mundo. Durante el reino° de Carlos V, uno de los emperadores más poderosos de la historia, España fue un centro importante de navegación. Casi todo el continente americano era colonia española. También tenía colonias en África, en Asia y en partes de Europa.

reino *reign*

Sin embargo, a pesar de su poder, en España había mucha miseria y gran parte de la población vivía en la pobreza°. Esto inspiró al autor, quien es desconocido, a escribir su obra, *Lazarillo de Tormes.*

pobreza *poverty*

Es una novela de estilo picaresco°. El protagonista, Lazarillo, es un pícaro° que busca sobrevivir° en el mundo. Hoy en día, es uno de los personajes° más queridos de la literatura española.

picaresco *picaresque*
pícaro *rogue, rascal*
sobrevivir *survive*
personajes *characters*

Después de leer

Contesta en oraciones completas.

1. ¿Quién era Carlos V?
2. ¿Cómo era España en el siglo XVI?
3. ¿Dónde tenía colonias España?
4. A pesar de su poder, ¿cómo vivía la gente?
5. ¿Qué tipo de novela es *Lazarillo de Tormes?*
6. ¿Quién es el protagonista? ¿Cómo es?

La familia de Lazarillo

Esta es la historia de la vida y aventuras de Lazarillo de Tormes.

Los padres de Lazarillo se llamaban Tomé González y Antoña Pérez. El padre de Lazarillo era molinero°. Como Lazarillo nació cerca del río Tormes, sus padres lo llamaron Lazarillo de Tormes.

molinero *miller*

Cuando Lazarillo tenía ocho años de edad su padre robó de los sacos° del molino. Confesó el crimen y fue a la prisión. Después del juicio°, fue desterrado°. En el destierro, cuidó° las mulas de un caballero. Poco tiempo después, murió en una batalla contra los moros°.

sacos *sacks*

juicio *judgment*
desterrado *exiled*
cuidó *cared for*

moros *Moors*

La madre, ya viuda°, tuvo que ganarse la vida° para sí misma y para su hijo. Se fue a Salamanca y alquiló° una casita cerca de la universidad. Allí preparaba la comida para algunos estudiantes. También lavaba la ropa de algunos mozos de caballeriza°.

viuda *widow*

ganarse la vida *earn a living*
alquiló *rented*

mozos de caballeriza *stablemen*

Zayde, el nuevo miembro de la familia

En las caballerizas la madre de Lazarillo conoció a Zayde, un mozo negro. Él la visitaba a menudo°. Lazarillo le tenía miedo al principio. Pero cuando vio que Zayde siempre traía pan y carne y leña° en el invierno, lo empezó a querer. Zayde llegó a ser miembro de la familia y al poco tiempo Lazarillo tuvo un hermanito.

a menudo *often*

leña *firewood*

Después de leer

A Contesta en oraciones completas.

1. ¿Cómo se llamaban los padres de Lazarillo?
2. ¿Por qué llamaron al muchacho Lazarillo de Tormes?
3. ¿Adónde llevaron al padre de Lazarillo? ¿Por qué?
4. ¿Cómo murió el padre?
5. ¿Adónde fue la madre cuando quedó viuda?
6. ¿Qué hizo allí?
7. ¿A quién conoció en las caballerizas?
8. ¿Qué traía Zayde a la casa?
9. ¿Le tenía miedo Lazarillo al principio?
10. ¿Llegó Zayde a ser miembro de la familia?

B Indica si la oración es verdadera o falsa. Corrige las falsas.

1. El padre de Lazarillo era un hombre rico.
2. Lazarillo nació cerca del río Tormes.
3. Tomé González murió en una batalla contra los ingleses.
4. En Salamanca la madre cuidaba caballerizas.
5. Zayde siempre llevaba pan y carne a la casa.
6. Lazarillo tuvo una hermanita.

Zayde y la madre castigados

Después de un tiempo se descubrió que lo que Zayde traía a la casa había sido robado de la caballeriza. Como la madre sabía de donde venía lo que traía Zayde, los dos fueron castigados° y tuvieron que separarse.

castigados *punished*

La madre entonces fue a trabajar a un mesón° para ganarse la vida. Lazarillo también trabajó en el mesón.

mesón *inn*

En ese tiempo llegó al mesón un ciego, quien pidió a la madre que le diera a Lazarillo para que le sirviera de guía°. El ciego prometió cuidarlo como a un hijo. La madre aceptó con tristeza y al despedirse de° su hijo le dijo:

guía *guide*

al despedirse de *upon saying goodbye to*

—Trata de ser bueno y que Dios te guíe.

La primera lección de Lazarillo

El viejo ciego era un hombre muy listo° y avaro°. Cuando él y Lazarillo salieron de Salamanca, encontraron una estatua de piedra de un animal que tenía casi forma de toro. Entonces el ciego le dijo a Lazarillo:

listo *clever*
avaro *stingy*

—Lazarillo, acércate° a la estatua y escucha un gran ruido adentro.

acércate *get close*

Lazarillo se acercó a la estatua y escuchó. No oyó nada. Entonces el ciego le golpeó° la cabeza contra la estatua y le dijo:

golpeó *hit*

—Necio,° aprende. El mozo del ciego tiene que saber más que el diablo —y se rió mucho.

Necio *Stupid*

Al pobre Lazarillo le dolió° la cabeza por más de tres días, pero entendió que tenía que ser más listo si quería sobrevivir.

dolió *hurt*

Después de leer

A Contesta en oraciones completas.

1. ¿Qué pasó con Zayde y la madre de Lazarillo? ¿Por qué?
2. ¿Qué hizo la madre de Lazarillo para ganarse la vida?
3. ¿Trabajó también Lazarillo? ¿Dónde?
4. ¿Qué trabajo le ofreció el ciego a Lazarillo?
5. ¿Aceptó la madre la propuesta del ciego?
6. ¿Qué encontraron el ciego y Lazarillo al salir de la ciudad?
7. ¿Qué le dijo el ciego a Lazarillo cuando encontraron la estatua?
8. ¿Qué pasó después?
9. ¿Qué le dijo el ciego a Lazarillo?
10. ¿Qué aprendió Lazarillo de esto?

B Indica si la oración es verdadera o falsa. Corrige las falsas.

1. Lazarillo robó de la caballeriza.
2. Zayde y la mamá de Lazarillo fueron castigados.
3. Lazarillo fue a trabajar como guía para un hombre ciego.
4. Encontraron un toro al salir de Salamanca.
5. El ciego se acercó a la estatua y escuchó.

El ciego avaro

El ciego era un viejo muy astuto y sabía
muchas maneras de sacarle dinero a la gente.
El viejo se ganaba la vida rezando° por otras
personas. Rezaba de manera tan humilde y
tan devota que recibía mucho dinero por sus
oraciones°.

        rezando *praying*

        oraciones *prayers*

El ciego también conocía remedios para toda
clase de enfermedades. Primero él rezaba y
luego decía a la gente que debía tomar cierta
hierba° o cierta raíz°. Por este servicio el ciego
también ganaba mucho dinero.

        hierba *herb*
        raíz *root*

Sin embargo, a pesar de todo el dinero que
ganaba, el viejo era un hombre muy avaro.
Nunca le dio de comer a Lazarillo más que un
pedacito° de pan. Tenía la costumbre de poner
en un saco con candado° toda la comida que la
gente le daba durante el día.

        pedacito *little piece*
        candado *padlock*

Los engaños de Lazarillo

Como su amo° le daba tan poco de comer,
Lazarillo tenía que robar la comida que el
ciego guardaba en el saco. Cada día el
muchacho se hizo más listo. Para robarle vino
al ciego, Lazarillo le hizo un agujero° a la
jarra° donde el viejo tenía el vino. Después de
beberse el vino con una paja°, Lazarillo
tapaba° el agujero con cera°.

        amo *master*

        agujero *hole*
        jarra *earthen jar*
        paja *straw*
        tapaba *covered*
        cera *wax*

Así por mucho tiempo Lazarillo tomaba el
vino y engañaba° al ciego. Pero un día el ciego
lo descubrió. Entonces, el viejo agarró° la jarra
y la tiró con fuerza a la cara de Lazarillo,
quien perdió el sentido° y estuvo varios días
enfermo. Los pedazos de la jarra le cortaron

        engañaba *deceived*
        agarró *picked up*

        sentido *consciousness*

toda la cara y le rompieron° los dientes. Pero el viejo se rió mucho de Lazarillo.

rompieron *broke*

Como lo pegaba° a menudo y sin razón, Lazarillo no pudo perdonar a su cruel amo.

pegaba *hit*

Después de leer

A Contesta en oraciones completas.

1. ¿Qué hacía el ciego para ganarse la vida?
2. ¿Ganaba mucho o poco dinero con estos servicios?
3. ¿Cómo era el ciego con Lazarillo?
4. ¿Qué hacía el ciego con la comida que le daba la gente?
5. ¿Le daba el ciego mucha comida a Lazarillo?
6. ¿Qué tenía que hacer Lazarillo para comer?
7. ¿Cómo hacía Lazarillo para beber el vino del ciego?
8. ¿Descubrió el engaño el viejo?
9. ¿Qué hizo el ciego?
10. ¿Cómo quedó Lazarillo?

B Indica si la oración es verdadera o falsa. Corrige las falsas.

1. El ciego era muy generoso con su dinero.
2. Le daba de comer a Lazarillo mucha comida.
3. El ciego conocía remedios para las enfermedades.
4. Lazarillo robó el vino del ciego.
5. El ciego no descubrió el engaño.

El cuento de las uvas

Para ganarse la vida el ciego y Lazarillo
iban de pueblo en pueblo. El ciego
recomendaba remedios a las personas y rezaba
por ellas a cambio de° comida o dinero.

a cambio de *in exchange for*

Un día los dos llegaron al pueblo de
Almorox en la época de cosecha° de uvas. Un
hombre le dio al ciego un racimo° de uvas.
Pero como estaban muy maduras°, el ciego no
pudo guardarlas en el saco. Entonces le dijo al
muchacho:

cosecha *harvest*

racimo *branch*

maduras *ripe*

—Lazarillo, ahora quiero ser generoso
contigo. Tú tomas una uva y yo tomo otra.

Empezaron a comer, pero enseguida el ciego
empezó a tomar las uvas de dos en dos. Al ver
esto, Lazarillo también hizo lo mismo y hasta
las tomó de tres en tres.

Al terminar de comer, el ciego le dijo:

—Lazarillo, me has engañado. Tú has
comido las uvas de tres en tres.

—¿Pero por qué sospecha° eso? —le
preguntó Lazarillo.

sospecha *suspect*

—¿Sabes cómo lo sé? Porque yo comí las
uvas de dos en dos y tú no me dijiste nada.

Lazarillo se dio cuenta entonces de la gran
astucia de su amo.

Lazarillo decide dejar al ciego

Viendo el maltrato y la crueldad del viejo,
Lazarillo decidió dejarlo. Así, una tarde de
lluvia, estando bajo unos portales y viendo que
la noche se acercaba y la lluvia no cesaba, el
ciego decidió ir a un mesón. Lazarillo dijo al
ciego que, para ir allá, tenían que cruzar un
arroyo°. Entonces puso al ciego bien enfrente

arroyo *stream*

de un pilar de piedra que en la plaza había y le dijo que esa era la parte más angosta° del arroyo. Entonces Lazarillo le dijo que saltara°.

El ciego saltó con fuerza y dio con la cabeza en el pilar y cayó luego medio muerto. Lazarillo lo dejó con la gente que fue a ayudarlo y corrió de allí lo más rápido que pudo.

A la noche, llegó al pueblo de Torrijos. Nunca más supo nada del ciego y nunca trató de saberlo.

más angosta *narrowest*

le dijo que saltara *told him to jump*

Después de leer

A **Contesta en oraciones completas.**

1. ¿Qué hacía el ciego a cambio de comida o dinero?
2. ¿En qué época llegaron el ciego y Lazarillo a Almorox?
3. ¿Por qué no guardó el ciego las uvas?
4. ¿Qué le dijo el ciego a Lazarillo?
5. ¿Cómo comió el ciego las uvas? ¿Qué hizo Lazarillo?
6. ¿Por qué decidió Lazarillo dejar a su amo?
7. ¿Qué dijo Lazarillo que tenían que hacer para llegar al mesón?
8. ¿En qué lugar puso Lazarillo al ciego y qué le dijo?
9. ¿Qué hizo el viejo y qué ocurrió con él?
10. ¿Qué hizo Lazarillo después y adónde llegó?

B **Indica si la oración es verdadera o falsa. Corrige las falsas.**

1. Lazarillo y el ciego llegaron a Almorox en la época de cosecha del maíz.
2. El ciego comió las uvas de una en una.
3. Lazarillo puso al ciego al lado de un pilar de piedra.
4. El ciego se golpeó la cabeza en el pilar y murió.
5. Lazarillo dejó al ciego solo.

Lazarillo encuentra a otro amo

Lazarillo ya estaba libre del ciego cruel y
avaro. En Torrijos no encontró trabajo y al día
siguiente fue a Maqueda. Allí fue de puerta en
puerta pidiendo limosna°. Apenas recibió
suficiente comida para vivir.

    pidiendo limosna *begging*

Un día Lazarillo llamó a la puerta de la
casa de un clérigo° para pedir limosna.
Cuando el clérigo contestó la puerta, le
preguntó a Lazarillo si sabía ayudar en misa°.
Lazarillo, que lo había aprendido del ciego,
dijo que sí. Ese día Lazarillo pasó a servir al
clérigo, su segundo amo. Y como diría
Lazarillo más tarde, «había escapado del
trueno para entrar en el relámpago°». Pues el
clérigo resultó ser aun más avaro que el ciego.
El ciego era generoso en comparación.

    clérigo *clergyman, priest*

    misa *mass*

    relámpago *lightning*

El clérigo daba al muchacho de comer una
cebolla° cada cuatro días. Mientras el
sacerdote comía carne todos los días, a
Lazarillo sólo le daba un poco de sopa. A las
tres semanas el muchacho estaba tan débil
que quiso dejar al clérigo, pero no lo hizo
porque pensó:

    cebolla *onion*

—He tenido dos amos. Y si uno era malo, el
otro es peor. Si ahora busco a un tercero,
probablemente me matará de hambre.

Después de leer

A Contesta en oraciones completas.

1. ¿Adónde fue Lazarillo al día siguiente?
2. ¿Cómo llegó a la casa del clérigo?
3. ¿Qué preguntó el clérigo a Lazarillo?
4. ¿Sabía Lazarillo ayudar en misa? ¿Cómo lo había aprendido?
5. ¿Cómo era el clérigo?
6. ¿Era mejor que el ciego?
7. ¿Qué le daba de comer a Lazarillo?
8. ¿Cómo estaba Lazarillo a las tres semanas?
9. ¿Qué pensó Lazarillo?
10. ¿Por qué no dejó al clérigo?

B Indica si la oración es verdadera o falsa. Corrige las falsas.

1. Lazarillo fue de puerta en puerta en Torrijos.
2. Recibió mucho dinero pidiendo limosna.
3. El clérigo le dio cuatro cebollas cada día.
4. El ciego era más avaro que el clérigo.
5. A las tres semanas Lazarillo estaba muy débil.

El arca del clérigo

El pobre Lazarillo estaba muy flaco con lo poco que comía. Tenía mucha hambre y sabía que el clérigo tenía un arca° vieja llena de panes. Pero el arca estaba siempre cerrada con llave°.

arca *chest, box*

cerrada con llave *locked*

Un día cuando el clérigo no estaba en casa, llegó un vendedor de llaves. Lazarillo dijo al hombre que había perdido la llave del arca y que su amo lo iba a azotar°. El hombre le dio una llave y Lazarillo le pagó con uno de los panes que estaba adentro.

azotar *whip*

Lazarillo no comió nada ese día a pesar del hambre que tenía. Pero a la mañana siguiente cuando el clérigo se había ido, el muchacho abrió el arca y comió uno de los panes. Así estuvo feliz algunos días porque tenía comida. Pero más tarde el clérigo contó los panes y notó que faltaban° varios. Así empezó a sospechar que había un ladrón° en la casa.

faltaban *were missing*

ladrón *thief*

¡Los ratones han comido el pan!

Por varios días Lazarillo no se atrevió a tocar los panes. Pero luego tuvo una idea muy ingeniosa:

—El arca es grande y vieja y tiene algunos agujeros —pensó—. No es raro que entren ratones y coman los panes.

Entonces, con mucho cuidado, Lazarillo desmigajó° varios panes como si hubieran sido comidos por ratones y se comió esos pedazos.

desmigajó *crumbled*

Aquella noche el clérigo abrió el arca y encontró los panes desmigajados. Inspeccionó el arca y dijo:

—¡Lazarillo! ¡Mira lo que ha pasado con nuestro pan!

El muchacho se mostró sorprendido y preguntó:

—¿Qué pasó?

—Pues, ¡ratones! —dijo el clérigo—. ¡Los ratones han comido el pan!

Después de leer

Contesta en oraciones completas.

1. ¿Comía bien Lazarillo? ¿Cómo estaba?
2. ¿Qué guardaba el clérigo en el arca?
3. ¿Estaba abierta el arca?
4. ¿Quién vino a la casa un día cuando el clérigo no estaba?
5. ¿Qué compró Lazarillo del hombre? ¿Cómo le pagó?
6. ¿Comió Lazarillo unos panes ese día?
7. ¿Notó el clérigo que faltaban panes ese día? ¿Cuándo lo notó?
8. ¿Qué creyó el clérigo?
9. ¿Qué idea tuvo Lazarillo?
10. ¿Qué creyó el clérigo esta vez?

El clérigo y la serpiente

Al ver que los ratones habían comido los panes, el clérigo buscó unas tablillas° y clavos° y tapó los agujeros. Cuando el clérigo salió de la casa, Lazarillo fue a inspeccionar el arca. Se puso muy triste cuando no encontró ni un solo agujero abierto. Por varios días Lazarillo estuvo pensando en una manera de tomar más pan del arca.

tablillas boards
clavos nails

Una noche mientras dormía y roncaba° el clérigo, Lazarillo fue a la cocina y tomó un cuchillo°. Entonces fue al arca e hizo un agujero en ella y después la abrió con su llave. Tomó un pedazo de pan y volvió a su cama de paja.

roncaba snored

cuchillo knife

Al día siguiente el clérigo vio el pan desmigajado y el nuevo agujero. Enseguida lo tapó con otra tablilla. Por varios días Lazarillo volvió a hacer más agujeros y el clérigo volvió a taparlos.

Por fin, el clérigo pidió una ratonera° del vecino. La armó con queso y la puso cerca del arca. Esa noche Lazarillo contento se comió el pan y el queso.

ratonera mousetrap

El clérigo no sabía qué hacer. Un vecino le dijo que antes había una serpiente en la casa y que seguramente era la serpiente la que comía el pan y no los ratones.

¡A matar la serpiente!

El clérigo se alarmó mucho y por la noche no dormía tranquilamente. Tenía al lado de su cama un palo° para espantar a° la serpiente.

palo stick
espantar a spook, scare away

Lazarillo dormía con su llave en la boca para que su amo no la descubriera. Una noche, estando durmiendo, la llave empezó a silbar° en la boca de Lazarillo porque tenía forma de tubo. El clérigo lo oyó y se acercó a la paja. Entonces, con el palo, le dio a Lazarillo un golpe muy fuerte en la cara creyendo que le había dado a la serpiente.

silbar *whistle*

Lazarillo perdió el sentido y no lo recuperó por tres días. El pobre quedó tan mal herido que tuvo que quedarse en cama quince días. El clérigo descubrió así la llave y supo entonces que era Lazarillo y no la serpiente el que estaba comiendo los panes.

A los quince días el clérigo llamó a Lazarillo. Entonces lo sacó a la puerta de la casa y le dijo:

—¡Busca amo y vete con Dios!

Después de leer

Contesta en oraciones completas.

1. ¿Qué hizo el clérigo con los agujeros?
2. ¿Qué hizo Lazarillo cuando el clérigo salió?
3. ¿Por qué se puso muy triste?
4. ¿Qué hizo Lazarillo con el cuchillo una noche en que dormía el clérigo?
5. ¿Qué hizo el clérigo cuando vio el nuevo agujero?
6. ¿Volvió a hacer Lazarillo más agujeros?
7. ¿Qué pidió el clérigo a los vecinos?
8. ¿Por qué no podía dormir tranquilo el clérigo?
9. ¿Por qué dormía Lazarillo con su llave en la boca?
10. ¿Qué creyó el clérigo cuando oyó silbar la llave? ¿Qué hizo?

Lazarillo encuentra a su tercer amo

Lazarillo, todavía lleno de heridas, siguió su camino hasta llegar a la ciudad de Toledo. Allí, yendo de puerta en puerta a pedir limosna, se encontró con un escudero° bastante bien vestido y de buena apariencia. Al ver a Lazarillo el escudero le preguntó:

escudero *esquire*

—Muchacho, ¿buscas amo?

—Sí, señor —respondió Lazarillo.

—Pues, ven conmigo —le dijo el escudero—. Tienes buena suerte al encontrarte conmigo.

Lazarillo quedó contento de haber encontrado a su nuevo amo.

Era de mañana y los dos pasaron por muchas calles y plazas donde se vendían pan y otras provisiones. Lazarillo creyó que su nuevo amo iba a comprar algunas provisiones para el día. Sin embargo, el escudero seguía sin comprar nada.

Lazarillo pensó:

—No le gusta nada de aquí. Seguramente querrá comprar sus provisiones en otro lado.

Pero el escudero no compró nada.

Todavía no comen

A las once los dos entraron a oír misa y a la una de la tarde llegaron a la casa del amo. El escudero abrió la puerta y entró por una entrada oscura. Adentro había un patio y cuartos razonables pero no había muebles, sólo una pobre cama.

A las dos de la tarde todavía no habían
comido y Lazarillo empezó a preocuparse.
Entonces el escudero le preguntó:

—Muchacho, ¿has comido?

—No, señor —respondió él—. Todavía no
eran las ocho cuando lo encontré.

—Pues, aunque era de mañana, yo ya había
almorzado —dijo el escudero—. Cenaremos
más tarde.

Lazarillo, cuando oyó esto, se dio cuenta de
que su sufrimiento iba a continuar.

Después de leer

A **Contesta en oraciones completas.**

1. ¿A quién encontró Lazarillo en Toledo?
2. ¿Cómo era esta persona?
3. ¿Qué hora era cuando se encontraron?
4. ¿Qué pensó Lazarillo cuando pasaron por los lugares
   donde se vendían provisiones?
5. ¿Qué compró el nuevo amo?
6. ¿Qué creyó Lazarillo cuando vio que su amo no
   compraba nada?
7. ¿Qué hicieron a las once?
8. ¿A qué hora llegaron a la casa del amo?
9. ¿Cómo era la casa?
10. ¿Dio de comer el amo a Lazarillo?

B **Indica si la oración es verdadera o falsa. Corrige las falsas.**

1. En Toledo Lazarillo se encontró con un escudero.
2. El escudero compró provisiones en el camino.
3. La entrada de la casa del amo era oscura.
4. El escudero dijo que no había almorzado.
5. Lazarillo se dio cuenta de que su sufrimiento había
   terminado.

El hambre continúa

Cuando Lazarillo vio que su amo no le daría de almorzar, sacó unos pedazos de pan que traía y se puso a comer. El escudero se acercó y le tomó el pedazo más grande de pan que tenía y se lo comió.

Los dos se pasaron la tarde hablando y cuando llegó la noche el escudero le dijo al muchacho:

—Lazarillo, de aquí a la plaza hay una gran distancia y muchos ladrones. Yo no tengo nada de comer en la casa porque en estos días he comido afuera. Pasemos esta noche como podamos.

Lazarillo pensó en la mala fortuna que tenía, pero dijo:

—No se preocupe, señor. Yo sé pasar una noche sin comer.

—Así vivirás muy sano° —contestó el escudero.

muy sano *in good health*

Esa noche los dos se acostaron sin comer. La cama era un colchón° negro y duro puesto sobre unos viejos bancos°.

colchón *mattress*

bancos *benches*

Lazarillo pasó una noche horrible porque tenía muchísima hambre y porque la cama era muy dura y le dolían sus heridas.

Al día siguiente el amo y el criado° se levantaron muy temprano. Como no había comida en la casa, no se desayunaron. Después de vestirse y ponerse la espada°, el escudero le dijo a Lazarillo:

criado *servant*

espada *sword*

—Voy a oír misa. Haz la cama y ve por agua con la jarra. No te olvides de cerrar la puerta con llave para que no roben nada.

Entonces se fue y Lazarillo hizo todo lo que le dijo y fue al río a buscar agua.

A Contesta en oraciones completas.

1. ¿Qué hizo Lazarillo cuando vio que su amo no le daría de almorzar?
2. ¿Qué hizo el amo cuando vio el pan que traía Lazarillo?
3. ¿Qué hicieron los dos toda la tarde?
4. ¿Qué dijo el escudero de por qué no había provisiones en la casa?
5. ¿Qué pensó Lazarillo cuando su amo le dijo que esa noche no comerían? ¿Qué dijo?
6. ¿Cómo era la cama del escudero?
7. ¿Durmió bien Lazarillo? ¿Por qué?
8. ¿Se desayunaron a la mañana siguiente?
9. ¿Adónde fue el escudero por la mañana?
10. ¿Qué le dijo a Lazarillo?

B Escoge la frase o palabra que completa la oración.

1. Lazarillo sacó unos pedazos de pan que traía y _____.
   a. los guardó
   b. se puso a comer
   c. los dio a su amo
2. Cuando llegó la noche los dos _____.
   a. cenaron
   b. salieron
   c. quedaron sin cenar
3. Lazarillo dijo al escudero que _____.
   a. él necesitaba comer
   b. él sabía pasar una noche sin comer
   c. él se iba a ir
4. La cama del escudero era _____.
   a. un colchón sobre bancos
   b. hermosa y cómoda
   c. nueva y suave
5. Lazarillo fue al río para _____.
   a. buscar agua
   b. lavar la ropa
   c. buscar a su amo

El escudero y las dos mujeres

Lazarillo vio a su amo ir por la calle y
pensó:

—¿Quién pensará al ver a mi amo que no ha
comido en varios días? ¡Cuántos hay por el
mundo que viven así!

Luego Lazarillo fue al río a llenar de agua
la jarra cuando vio a su amo con dos mujeres.
En el verano algunas mujeres tenían la
costumbre de ir a pasear junto al río para ver
si encontraban a un hidalgo° que las invitara   **hidalgo** *nobleman*
a almorzar.

Lazarillo vio a su amo hablando muy
tiernamente° con las dos mujeres y diciéndoles   **tiernamente** *tenderly*
galanterías°. Una de las mujeres entonces le   **galanterías** *compliments*
pidió que las invitara a almorzar y el
escudero, como no podía comprar comida ni
para él, empezó a poner toda clase de excusas.
Las mujeres, como eran muy listas, se dieron
cuenta del problema del escudero y lo dejaron.

¡Pobre amo!

Lazarillo estaba comiendo hierbas en una
huerta cuando vio todo esto, pero cuidó que su
amo no lo viera. Luego volvió a la casa y
esperó a su amo a ver si traía comida.

Como eran las dos y su amo no volvía,
Lazarillo salió a pedir comida por las calles de
Toledo. En menos de dos horas regresó
Lazarillo con cuatro libras° de pan, un pedazo   **libras** *pounds*
de uña de vaca° y unas tripas° cocidas. Eran   **uña de vaca** *cow's hoof*
casi las cuatro y su amo lo estaba esperando.   **tripas** *intestines*

Lazarillo de Tormes   167

A Contesta en oraciones completas.

1. ¿Qué pensó Lazarillo al ver a su amo ir por la calle?
2. ¿Para qué tenían la costumbre ir al río algunas mujeres?
3. ¿A quién vio Lazarillo cuando fue al río?
4. ¿Qué estaba haciendo su amo?
5. ¿Qué le pidió al escudero una de las mujeres?
6. ¿Qué hizo el escudero?
7. ¿Dónde estaba y qué estaba haciendo Lazarillo mientras observaba todo esto?
8. ¿Vio el escudero a Lazarillo en el río?
9. ¿Qué hizo Lazarillo al volver a la casa?
10. ¿Consiguió comida Lazarillo?

B Indica si la oración es verdadera o falsa. Corrige las falsas.

1. Lazarillo fue al río a buscar a su amo.
2. Algunas mujeres tenían la costumbre de ir al río a buscar trabajo.
3. Una mujer le pidió al escudero que la invitara a almorzar.
4. El escudero la invitó a comer.
5. Lazarillo consiguió tres libras de pan.

CCCCCCCCCCCCCCCCC **11** CCCCCCCCCCCCCCCCC

Una cena deliciosa

Cuando Lazarillo entró y vio a su amo, creyó que el escudero estaría enojado porque había llegado tarde. El escudero le preguntó de dónde venía y Lazarillo le contó la verdad y le mostró la comida que había traído. Pero el amo, muy orgulloso, le dijo:

—Te esperé a comer pero como no llegaste, comí.

Lazarillo se sentó a comer, pero sintió lástima de° su amo porque sabía que él no había cenado. Su amo no dejaba de mirar la comida. Sin embargo, Lazarillo no se atrevió a ofrecer comida a su amo para no ofenderlo.

sintió lástima de *felt sorry for*

Pero el escudero no pudo contenerse° más:

contenerse *contain himself*

—¿Es uña de vaca? —le preguntó.

—Sí, señor —le respondió Lazarillo.

—No hay mejor comida en el mundo —dijo el escudero.

—Pruébela° y verá que es buena —contestó el muchacho.

Pruébela *Try it*

Lazarillo le dio un pedazo de uña y parte del pan y el escudero se sentó a su lado.

—¡Exquisito! ¡Este es un banquete de rey! —exclamó el escudero.

Muy contentos, los dos se acostaron y durmieron mucho mejor que la noche anterior. Ya no tenían hambre.

Por varios días el escudero salió a pasear por las calles y Lazarillo pidió comida de puerta en puerta. Así el muchacho se mantuvo° a sí mismo y a su amo.

se mantuvo *supported*

A Contesta en oraciones completas.

1. ¿Qué creyó Lazarillo cuando entró a la casa y vio al escudero?
2. ¿Qué le preguntó el escudero y qué respondió Lazarillo?
3. ¿Qué le mostró Lazarillo al escudero?
4. ¿Qué dijo el amo cuando vio la comida?
5. ¿Creyó Lazarillo lo que dijo su amo?
6. ¿Qué hacía el amo mientras Lazarillo comía?
7. ¿Qué quería hacer Lazarillo? ¿Por qué no lo hizo?
8. ¿Qué hizo por fin el escudero? ¿Qué hizo Lazarillo?
9. ¿Durmieron bien esa noche?
10. ¿Cómo fue la vida de ellos durante varios días?

B Indica si la oración es verdadera o falsa. Corrige las falsas.

1. Lazarillo creyó que el escudero estaría contento cuando llegó a casa.
2. Lazarillo no le mostró la comida que tenía.
3. Lazarillo no se atrevió ofrecer comida a su amo.
4. El escudero era un hombre muy orgulloso.
5. El escudero no comió nada.

¡Viene un muerto!

Cuando se publicó la ley para expulsar° a todos los pobres que no eran de la ciudad, Lazarillo ya no pudo salir a pedir comida. Así pasaron hambre varios días. Un día el escudero llegó contento a la casa con un real° en la mano y dijo:

—Toma, Lazarillo. Ve a la plaza y compra pan, vino y carne.

Lazarillo salió y en el camino se encontró con una procesión de clérigos y personas que llevaban a un muerto a enterrar°. A su lado venía la viuda vestida de luto° que gritaba diciendo:

—Marido° y señor mío, ¿adónde te llevan? ¿A la casa oscura y triste? ¿A la casa donde nunca comen ni beben?

Al oír esto, el pobre Lazarillo se asustó° y pensó:

—¡Qué desdicha°! ¡Para mi casa llevan a este muerto!

Lazarillo corre a la casa

Asustado, Lazarillo corrió a la casa lo más rápido que pudo. Entró y abrazó a su amo, pidiendo que le ayudara a cuidar la entrada y gritando:

—¡Nos traen un muerto! ¡Defienda la casa!

—¿Cómo? —preguntó el escudero.

—En la calle había una procesión de entierro —respondió el muchacho— y la viuda gritó, «Marido y señor mío, ¿adónde te llevan? ¿A la casa triste y oscura? ¿A la casa donde nunca comen ni beben?» Aquí, señor, nos traen al muerto.

expulsar *expel*

real *former Spanish silver coin*

enterrar *to bury*

de luto *in mourning*

Marido *Husband*

se asustó *was frightened*

desdicha *bad luck*

Al oír esto, el escudero rió tanto que no pudo hablar por un largo rato. Lazarillo estaba tan asustado que no quería salir a la calle. Pero el escudero abrió la puerta y volvió a enviar a Lazarillo a la plaza.

Ese día amo y criado comieron muy bien. Tuvieron un verdadero banquete de rey.

A Contesta en oraciones completas.

1. ¿Por qué ya no podía salir a pedir comida Lazarillo?
2. ¿Qué trajo un día el escudero?
3. ¿Para qué envió el escudero a Lazarillo a la plaza?
4. ¿Con qué se encontró Lazarillo en la calle?
5. ¿Qué hacía la viuda? ¿Qué decía?
6. ¿Por qué se asustó Lazarillo?
7. ¿Qué hizo él?
8. ¿Qué hizo el escudero cuando oyó lo que decía Lazarillo?
9. ¿Volvió a salir Lazarillo?
10. ¿Comieron bien ese día?

B Indica si la oración es verdadera o falsa. Corrige las falsas.

1. El escudero envió a Lazarillo a comprar pan, vino y leche.
2. Lazarillo se encontró con un amigo en la calle.
3. La viuda iba vestida de luto sin decir nada.
4. Lazarillo creyó que iban a llevar al muerto a su casa.
5. El escudero se enojó mucho cuando Lazarillo le explicó lo que pasó en la calle.

El escudero desaparece

Un día el escudero y Lazarillo estaban hablando cuando entraron por la puerta un hombre y una mujer. El hombre le pidió el alquiler de la casa y la mujer el de la cama. Ellos hicieron cuentas° y vieron que el total alcanzaba doce o trece reales.

hicieron cuentas *calculated*

El escudero les dijo:

—Voy a salir a la plaza a cambiar una moneda de oro. Vuelvan a la tarde y les pagaré lo que les debo.

Pero el escudero nunca volvió. Cuando a la tarde vinieron el hombre y la mujer, Lazarillo les dijo que su amo todavía no había vuelto. Como Lazarillo no quiso quedarse solo en esa casa, fue a la casa de las vecinas a dormir. A la mañana siguiente, volvieron el hombre y la mujer y se dieron cuenta de que habían sido engañados.

Ellos creyeron que Lazarillo sabía donde estaba su amo y le hicieron apresar°. Pero las vecinas intercedieron° por él y fue liberado.

le hicieron apresar *had him arrested*
intercedieron *intervened*

Lazarillo pensó:

—¡Qué desdicha! Por lo general, son los mozos los que dejan a sus amos. Pero conmigo no fue así. ¡Mi amo me dejó a mí!

A **Contesta en oraciones completas.**

1. ¿Quién entró en la casa del escudero?
2. ¿Qué querían?
3. ¿Cuánto debía el escudero?
4. ¿Qué dijo el escudero?
5. ¿Volvió el escudero a la casa?
6. ¿Dónde durmió Lazarillo esa noche? ¿Por qué?
7. ¿Volvieron el hombre y la mujer la mañana siguiente?
8. ¿Que creyeron ellos?
9. ¿Qué pasó con Lazarillo?
10. ¿Qué pensó él?

B **Escoge la frase que completa la oración.**

1. En la casa del escudero entraron _____.
   a. un hombre y una mujer
   b. las vecinas
   c. el ciego y el clérigo
2. El escudero dijo que iba a ir _____.
   a. al río
   b. a la iglesia a oír misa
   c. a cambiar una moneda
3. El escudero _____.
   a. nunca regresó
   b. regresó, pero muy tarde
   c. fue a dormir a la casa de las vecinas
4. El hombre y la mujer hicieron _____.
   a. azotar a Lazarillo
   b. apresar a Lazarillo
   c. una fiesta
5. Las vecinas _____.
   a. intercedieron por Lazarillo
   b. también desaparecieron
   c. se fueron de la ciudad

Lazarillo encuentra a su cuarto amo

Una vez más Lazarillo tuvo que buscar a otro amo. Con la ayuda de las vecinas del escudero, encontró a su cuarto amo, un fraile° de la Merced que ellas conocían.

fraile *friar*

A este fraile le gustaba mucho andar fuera del convento haciendo visitas y atendiendo a algunos negocios°. Y fue él quien dio a Lazarillo sus primeros zapatos. Pero por caminar tanto, sólo le duraron ocho días.

negocios *business*

Lazarillo no pudo soportar° ese tipo de vida y dejó a ese amo.

soportar *to bear*

Lazarillo encuentra a su quinto amo

El quinto amo de Lazarillo fue un buldero°. Este hombre era el hombre más astuto y desvergonzado° que el muchacho había conocido en toda su vida. El buldero sabía hablar muy bien e iba de iglesia en iglesia vendiendo sus bulas°.

buldero *seller of indulgences (pardoner of sins)*

desvergonzado *shameless*

bulas *indulgences*

Cuando el buldero llegaba a un lugar lo primero que hacía era dar un pequeño regalo a los sacerdotes del pueblo para que invitaran a la gente a comprar las bulas. Y cuando la gente no le compraba sus bulas, buscaba otras formas de engañarles o de forzarles a todos a comprar las bulas.

Después de leer

A Contesta en oraciones completas.

1. ¿Quién ayudó a Lazarillo a encontrar a su cuarto amo?
2. ¿Quién fue el cuarto amo de Lazarillo?
3. ¿El fraile pasaba la mayor parte del tiempo dentro del convento?
4. ¿Qué le dio a Lazarillo este amo?
5. ¿Por qué dejó Lazarillo al fraile?
6. ¿Quién fue su quinto amo?
7. ¿Cómo era esta persona?
8. ¿Qué era lo primero que hacía el buldero cuando llegaba a un lugar?
9. ¿Para qué hacía esto?
10. ¿Qué hacía cuando la gente no le compraba sus bulas?

B Indica si la oración es verdadera o falsa. Corrige las falsas.

1. El fraile y Lazarillo trabajaron mucho en el convento.
2. Los zapatos le duraron varios meses.
3. El quinto amo de Lazarillo era un hombre muy respetable.
4. El buldero ofreció regalos a los sacerdotes.
5. El buldero no engañaba a la gente.

El engaño del buldero

Una vez, en un pueblo entre Toledo y Madrid, nadie quiso comprar las bulas. El buldero estaba furioso. Entonces, el vendedor invitó al alguacil° del pueblo a cenar en un mesón. Ellos hablaron mucho. Después de cenar, el buldero y el alguacil apostaron° a ver quién pagaba el postre. Luego empezaron a pelear y a decirse malas palabras. El buldero le dijo al alguacil que era un ladrón y el alguacil le dijo al buldero que era un farsante° y que las bulas eran falsas.

Al día siguiente, en la iglesia, el alguacil volvió a acusar al buldero. Pero este, sin perder la compostura°, pidió a Dios que probara a todos los presentes que las bulas eran verdaderas. En ese momento el alguacil cayó al suelo y empezó a dar gritos y a moverse descontroladamente. Entonces el buldero rezó a Dios para que perdonara al alguacil y en ese instante el alguacil se curó.

Toda la gente del lugar quedó muy impresionada° y compró sus bulas. Nadie quedó sin las bulas del buldero.

alguacil *constable*

apostaron *made a bet*

farsante *fraud*

compostura *composure*

impresionada *impressed*

¡Pobre de los inocentes!

Al principio Lazarillo también creyó todo lo que había ocurrido. Pero después, cuando vio a su amo y al alguacil contando el dinero y riéndose de la gente, se dio cuenta del engaño. El muchacho pensó:

—¡Cuántos engaños más deben hacer estos con la gente inocente!

Aunque comió bien con este amo, Lazarillo
sufrió mucho los cuatro meses que estuvo con
el buldero. Después lo dejó.

Después de leer

A Contesta en oraciones completas.

1. ¿Por qué estaba furioso el buldero?
2. ¿A qué apostaron el buldero y el alguacil después de la cena?
3. ¿Qué ocurrió después?
4. ¿Qué le dijo el alguacil al buldero?
5. ¿En dónde volvió el alguacil a acusarle al buldero?
6. ¿Qué hizo el buldero?
7. ¿Qué ocurrió entonces con el alguacil?
8. ¿Qué hizo la gente?
9. ¿Creyó Lazarillo al principio lo que había sucedido?
10. ¿Y después?

B Indica si la oración es verdadera o falsa. Corrige las falsas.

1. En el lugar donde estaba el buldero, nadie quería comprarle sus bulas al principio.
2. El buldero y el clérigo se pelearon después de la cena.
3. El alguacil dijo al buldero que era un farsante.
4. El alguacil volvió a acusar al buldero en la plaza.
5. Después de curar al alguacil, la gente no compró las bulas.

16

CCCCCCCCCCCCCCCCCC   CCCCCCCCCCCCCCCCCCC

Lazarillo, el aguador

Después de dejar al buldero, Lazarillo pasó
a servir a un hombre que pintaba panderos°.   panderos *tambourines*
Más tarde encontró a otro amo, un capellán°,   capellán *chaplain*
que le dio trabajo de aguador°. Lazarillo iba   aguador *water seller*
por la ciudad con un burro, cuatro cántaros° y   cántaros *large pitchers*
un azote vendiendo agua.

A Lazarillo le pareció bueno el trabajo de
aguador. Tenía cierta independencia y siempre
tenía suficiente de comer. Le fue tan bien que
después de cuatro años de trabajo pudo
ahorrar lo suficiente para comprarse ropa fina,
aunque usada, y una espada. Desde que pudo
vestirse como hombre de bien, Lazarillo ya no
quiso trabajar de aguador.

Lazarillo dejó el burro y los cántaros y fue a
servir a un alguacil. Sin embargo, no estuvo
con él mucho tiempo porque le pareció
peligroso el trabajo. Una noche unos
criminales les hicieron correr a Lazarillo y al
alguacil con piedras y palos. Le dieron al
alguacil pero a Lazarillo no. Lazarillo decidió
entonces buscarse otro trabajo.

Lazarillo, el pregonero

Lazarillo logró encontrar trabajo como
pregonero° de la ciudad. Caminaba por las   pregonero *town crier*
calles anunciando las noticias del día: los
vinos que se vendían en la ciudad, los delitos
de los criminales, las cosas perdidas y las
subastas°. Tan contento estuvo con el trabajo   subastas *auctions*
que fue pregonero el resto de su vida.

Lazarillo se casa

Después de un tiempo, Lazarillo se casó con la criada de un arcipreste°. El arcipreste les dio una casa al lado de la suya y le daba a Lazarillo ropa usada y comida. Lazarillo dice que nunca se arrepintió de° haberse casado con ella y estaba contento con lo que había logrado. Había tenido una vida difícil, pero por fin, llegó a ser feliz. Fue amado de su esposa y sus amigos y respetado de los demás por su noble corazón.

arcipreste *archpriest*

se arrepintió de *regretted*

Después de leer

A Contesta en oraciones completas.

1. Después del buldero, ¿a quién pasó a servir Lazarillo?
2. ¿Y quién fue su siguiente amo?
3. ¿Cómo le pareció a Lazarillo el trabajo de aguador? ¿Por qué?
4. ¿Qué hizo con el dinero que ganó?
5. ¿Por qué no continuó con el trabajo de aguador?
6. Después del capellán, ¿a quién pasó a servir Lazarillo?
7. ¿Por qué no quiso seguir trabajando con el alguacil?
8. ¿Qué trabajo consiguió después?
9. ¿Estuvo contento en el trabajo?
10. ¿Con quién se casó Lazarillo?

B Indica si la oración es verdadera o falsa. Corrige las falsas.

1. Lazarillo vendía agua con un burro, un cántaro y cuatro azotes.
2. Lazarillo dejó el trabajo de aguador porque no le fue muy bien.
3. Lazarillo fue alguacil de la ciudad.
4. Lazarillo estuvo contento con el trabajo de pregonero.
5. Lazarillo se casó con la hija de un arcipreste.

C Actividades adicionales

1. ¿Cómo es Lazarillo? ¿Qué tipo de persona es? Escribe una composición describiendo su personalidad y sus virtudes.
2. ¿Conoces a otro personaje de la literatura o de películas que se encuentre en situaciones como el pobre Lazarillo? Escribe una composición comparando a los dos personajes.
3. Con un(a) compañero(a), presenta a la clase una representación de una escena del cuento *Lazarillo de Tormes.*

Vocabulario

a to, at, for
  a cambio de in exchange for
  a consecuencia de as a result of
  a menudo often
  a partir de entonces since then
  a pesar de in spite of
  a veces sometimes
  a ver let's see
  ¿a qué hora? (at) what time?
abajo under
abandonar to abandon
abastecer to supply
el/la **abogado(a)** lawyer
  abogar to advocate
  abordar to board, to get on
el **abrazo** hug, embrace
el/la **abuelo(a)** grandfather; grandmother
  los abuelos grandparents
  acá here
  acabar de to have just
el **aceite** oil
  aceptar to accept
  acercarse(a) to approach
  acero steel
  acompañar to accompany
  acostarse(ue) to go to bed
el **acto** act
  el salón de actos auditorium
el **acueducto** aqueduct
el **acuerdo** agreement
  de acuerdo in agreement
  estar de acuerdo to agree
  acusar to accuse
  adelantado(a) advanced
  además besides, moreover
  además de besides
  admitir to admit, to accept
el **adobe** adobe
  ¿adónde? (to) where?

el **adorno** ornament, decoration
  adquirir (ie) to acquire, get
el **aeropuerto** airport
  agarrar to pick up, grasp
  agregar to add
el **agua** *(f.)* water
el/la **aguador(a)** water carrier, seller
el **agujero** hole
  ahí there
  ahora now
  al to the, at the, in the
  al aire libre outdoor
  al lado de next to, by
  al principio at the beginning
  alcanzar to reach
  alegrarse to cheer up
  alegrarse (de) to be glad
  Alemania Germany
  algo something
  algo de (tomar) something to (drink)
el **alguacil** constable, police officer
  alguno(a) some, any
  aliado(a) allied
  aliarse to make an alliance
el **alimento** food
  alistarse (en) to enlist (in)
  allí there
  almorzar (ue) to eat lunch
  alquilar to rent
el **alquiler** rent
  alrededor around
  los alrededores vicinity
  alto(a) high, tall
el/la **alumno(a)** pupil, student
  alzar to lift
  amable friendly, kind
  amar to love
  ambos(as) both
  americano(a) American
el/la **amigo(a)** friend
  la **amistad** friendship
el/la **amo(a)** master; mistress
el **amor** love

ampliar to expand
ancho(a) wide
andar to walk; go around
angosto(a) narrow
el **anillo** ring
animar to encourage, cheer up
  ¡anímate! cheer up!
ansiosamente anxiously
antes before
antiguo(a) old, ancient
anual annual
el **año** year
anunciar to advertise
apaciguar to appease
el **aparato** device, appliance
el **apellido** last name, surname
apenas barely, hardly
aplacar to appease
apostar to make a bet
apoyar to support
el **apoyo** support
aprender to learn
  aprender de memoria to
    memorize
apresar to arrest, seize
aprovecharse (de) to take
  advantage (of)
aquel, aquello that
aquellos(as) those
aquí here
el **árbol** tree
el **arca** (f.) chest, box
la **archiduquesa** archduchess
el **arcipreste** archpriest
arder to burn
el **arma** (f.) weapon
  el **arma de fuego** firearm
la **arquitectura** architecture
arrepentirse (ie, i) (de) to
  repent, regret
el **arroyo** stream
el **arte** (f.) art
la **artesanía** handicraft
el **artículo** article

así so, thus
  así como just like
el **asiento** seat
la **asignatura** school subject
la **astucia** cunningness
astuto(a) clever, cunning
asustarse to be frightened
atacar to attack
el **ataque** attack
atender to attend
  atender a negocios to take
    care of business
atravesar (ie) to cross
atreverse (a) to dare to
el **auge** boom
el **aula** (f.) classroom
aun even, including
aún yet, still
aunque even though, although
la **ausencia** absence
el **automóvil** automobile
el/la **autor(a)** author
avanzado(a) advanced
avanzar to advance
avaro(a) greedy, stingy
la **avenida** avenue
la **aventura** adventure
el/la **aventurero(a)** adventurer
el **avión** airplane
el **ayuda** aid, help
ayudar to aid, help
azotar to whip
el **azote** whip
la **azotea** flat roof of a building
azteca Aztec
azul blue

bailar to dance
el **baile** dance
bajo under
bajo(a) short
el **banco** bench; bank

el baño bathroom
la barba beard
el barco ship
bastante sufficient, enough; quite
la batalla battle
beber to drink
la bebida drink
la beca scholarship
el béisbol baseball
besar to kiss
el beso kiss
la bestia beast
la biblioteca library
bien well; right
bienvenido(a) welcome
el billete bill
blanco(a) white
el boleto ticket
el bolígrafo ballpoint pen
la bolsa bag
bonito(a) pretty, good-looking
el bosque woods, forest
el brazo arm
bromear to joke
bueno(a) good, well
    ¡qué bueno! how nice!, great!
la bula indulgence
el buldero seller of indulgences
    (pardoner of sins)
buscar to search, look for
    en busca de in search of
la búsqueda search

el caballero knight, gentleman
el caballo horse
    a caballo horseback
el cacahuate peanut
el cacique chief
cada each, every
caer to fall
el café coffee
la caída fall, downfall
la calavera skull

el caldo broth
la cama bed
cambiar to change, to exchange
el cambio change, exchange
    a cambio de in exchange for
el camino path, route, way
    camino a on the way to
la camisa shirt
el campamento camp, encampment
el campeonato championship
la canción song
el candado padlock
la canoa canoe
cantar to sing
el cántaro large pitcher
la cantidad amount
el cañón cannon
el capellán chaplain
la capital capital (city)
el capitán captain
la cara face
el cargo job position, post
la carne meat
caro(a) expensive
la carrera race; career
la carretera road
el carro car
la carta letter
la casa house
casarse (con) to get married (to)
casi almost
el caso case
castigado(a) punished
castigar to punish
el castigo punishment
la catedral cathedral
la cebolla onion
la celebración celebration
celebrar to celebrate
la cena supper, dinner
cenar to eat supper, dine
el centro center; downtown
la cera wax
cerca (de) near
la cereza cherry

cerrar (ie) to close
  cerrar con llave to lock
cesar to cease
la charla conference, lecture
el/la chico(a) boy, girl
  chileno(a) Chilean
  ciego(a) blind
el/la ciego(a) blind person
  cien, ciento one hundred
la ciencia science
  cierto(a) certain
    es cierto that's right, that's
    true
la cima top, summit
  cinco five
el cine movies, cinema
la cita appointment, date
  hacer una cita to make an
  appointment
la ciudad city
la Ciudad de México Mexico City
  ¡claro! of course!
la clase class, lesson, course
  clavar to nail
el clavo nail
el clérigo clergyman, priest
la cobardía cowardliness
  cocido(a) cooked
la cocina kitchen
  cocinar to cook
el/la cocinero(a) cook
  coger to catch, grasp, seize
el colchón mattress
la colección collection
  coleccionar to collect
el colegio school, high school
la colina hill
la colonia colony
  colonial colonial
el/la colonizador(a) colonizer
el colono colonist
el color color
el comedor dining room
  comer to eat
el/la comerciante merchant

  comerciar to trade
el comercio business, commerce
la comida food
  como like, as; since
  ¿cómo? how?, what?
  ¡cómo no! of course!
  cómodo(a) comfortable
el/la compañero(a) classmate
  compartir to share
  componer to compose
la compostura composure
  comprar to buy
la computadora computer
  común common
  con with
  concebir (i) to conceive
el concurso contest
la condición condition
  conducido(a) led
  conducir to lead
  confesar (ie) to confess
  conmemorar to commemorate
  conmigo with me
  conocer to know, meet
  conocido(a) well known
la conquista conquest
  conquistar to conquer
  consagrado(a) dedicated
  conservador(a) conservative
  considerar to consider
  consistir (en) to consist (of)
  construir to build
  construido(a) built
  contar (ue) to count; tell
  contenerse to contain oneself
  contento(a) happy, content
  contestar to answer
  contigo with you
  continuar to continue
  contra against
    en contra de against
  contrariado(a) upset
  convertir (ie, i) to convert
  convertirse (en) to become
  convocar to call (together)

la **copa** cup
el **corazón** heart
  corregir (i) to correct
  correr to run
  corresponder to correspond
la **corrida de toros** bullfight
  cortar to cut (off)
la **cosa** thing
la **cosecha** harvest
la **costa** coast
la **costumbre** custom
    es costumbre it is customary
  creer to believe; think
el/la **criado(a)** servant
  cruzar to cross
el **cuaderno** notebook
el **cuadro** picture, painting
  cual which
  ¿cuál(es)? which?
  cuando when
  ¿cuándo? when?
  cuanto(a) as much as; as many as
  ¿cuánto(a)? how much?; how many?
el **cuartel** barrack, quarters
  cuarto(a) fourth
el **cuarto** room; quarter, fifteen minutes (in telling time)
  cuatro four
  cubrir to cover
el **cuchillo** knife
la **cuenta** bill, account
el **cuento** story
el **cuero** leather
  cuidar (de, a) to take care of, to look after
el **cumpleaños** birthday
  cumplir to execute, accomplish, obey
    cumplir años to reach one's birthday
el **cura** priest
la **cura** cure
  curar to cure

el **curso** course
  cuyo(a) whose

  dar to give
    dar en to hit
    darse cuenta to realize
  de of, from; about
    de repente suddenly
    de verdad really, truly
    de veras really, indeed
    de vuelta back
  debajo (de) underneath
  deber ought to, to have to, should; to owe
  débil weak
  decidir to decide
  decir to say, tell
la **declamación** declamation, recitation
  dedicar to dedicate
  defender (ie) to defend
  dejar to leave, abandon
  del of the, from the
  delicioso(a) delicious
el **delito** crime
los **demás** the rest, the others
  demasiado too, too much
  demostrar (ue) to demonstrate, show
  depender (de) to depend (on)
el **deporte** sport
  depuesto(a) deposed
la **derecha** right
    a la derecha to the right
  derecho(a) right; straight
el **derecho** right
la **derrota** defeat
  derrotar to defeat
  desaparecer to disappear
  desarrollar to develop
  desayunar to eat breakfast
  descender (ie) to descend
el **descendiente** descendant

descontroladamente
uncontrolably
describir to describe
descubierto(a) discovered
descubrir to discover
desde from; since
la **desdicha** misfortune, misery
desdichado(a) poor, wretched
¡desdichado de mí! wretched
me!
desear to wish
desertar (ie) to desert
desesperado(a) desperate
desesperarse to despair
desmigajar to crumble
el **despacho** office
despedirse (i, i) (de) to say
goodbye
despertarse (ie) to wake up
después (de) after, afterwards
desterrado(a) exiled, banished
desterrar (ie) to exile, banish
el **destierro** exile
destruir to destroy
desvergonzado(a) shameless
la **deuda** debt
el **día** day
hoy (en) día today, at present
diciembre December
la **dictadura** dictatorship
diecisiete seventeen
diez ten
difícil difficult
Dios God
el/la **dios(a)** god, goddess
la **dirección** address; direction
el/la **director(a)** principal
dirigirse to address
el **discurso** discourse; speech
disparar to shoot
el **disparo** shot
la **distancia** distance
el **distrito** district
la **diversión** entertainment, fun
divertido(a) fun, funny, amusing

doce twelve
el/la **doctor(a)** doctor
doler (ue) to hurt, feel pain
el **domingo** Sunday
el **dominio** rule, domination
donde where
¿dónde? where?
¿en dónde? where?, in what
place?
¿para dónde? to what place?
el **dormitorio** bedroom
dos two
de dos en dos two at a time
durante during, while
durar to last

E

echar to throw, throw out
el **edificio** building
Egipto Egypt
ejecutar to execute
el **ejemplo** example
el **ejército** army
el **the**
él he, him
ella she, her
ellos(as) they, them
emocionado(a) displaying much
emotion; moved
emocionante exciting
empeorar to worsen
el **emperador** emperor
la **emperatriz** empress
empezar (ie) to begin
el **empleo** job, work
en in, on, at
en aquel entonces at that
time
en busca de in search of
en la época de at the time of
en su mayor parte for the
most part
enamorarse (de) to fall in love
(with)

encender (ie) to turn on
encontrar (ue) to find
encontrarse (con) to meet, come across, run into
el/la **enemigo(a)** enemy
la **enfermedad** illness
enfermo(a) ill, sick
enfrentar face
enfrente (de) in front of, opposite
enfurecerse to become infuriated
engañar to deceive
el **engaño** trick, ruse
enojarse to become angry
enorme huge, very large
el **ensayo** essay
enseguida soon after
enseñar to teach
enterarse (de) to find out (about)
enterrar (ie) to bury
el **entierro** burial, funeral
entonces then
    en aquel entonces at that time
la **entrada** entrance; admission ticket
entrar (en) to enter (into)
entre between, among
entregar to present; hand in, hand out
entrevistarse (con) to meet (with)
enviar to send
el **equipaje** baggage
el **equipo** team
escapar to escape
escoger to choose
escribir to write
el **escritorio** desk
escuchar to listen
el **escudero** esquire
la **escuela** school, grade school
la **escultura** sculpture
ese(a) that
esforzarse to apply oneself

esos(as) those
la **espada** sword
espantar to spook, scare away
España Spain
español(a) Spanish
el **español** Spanish
la **esperanza** hope
esperar to wait, expect; hope
el/la **esposo(a)** husband; wife
establecer to establish
el **estado** state
los **Estados Unidos** United States
estadounidense of the United States
la **estampilla** postal stamp
el **estante** bookcase
estar to be
    estar de acuerdo to agree
el **este** east
este(a) this
el **estilo** style
estos(as) these
la **estrofa** stanza
estudiar to study
el **estudio** study
estudioso(a) studious
europeo(a) European
evangelizar to evangelize
evitar to avoid
el **examen** exam
excepto except
exclamar to exclaim
exigir to demand
existir to exist
la **experiencia** experience
explicar to explain
expulsar expel
extender (ie) to extend
extranjero(a) foreign; foreigner
extraño(a) strange, odd

la **fábrica** factory
fabricar to produce, make

falta lack
faltar to be wanting, to lack
la familia family
famoso(a) famous
el farsante fraud
el favor favor
   por favor please
favorito(a) favorite
felicitar to congratulate
feliz happy
felizmente happily; fortunately
feo(a) ugly
el feriado holiday
feroz ferocious, fierce
ferozmente fiercely
el ferrocarril railroad
festejar to celebrate
la fiesta party
la figura figure, picture
fijarse (en) to take notice (of),
   pay attention (to)
   ¡fíjate! imagine!
el fin end
   el fin de semana weekend
   por fin finally
el final end
   al final in the end, at the end
finalmente finally
flaco(a) skinny
florecer to flourish
la flota fleet
flotante floating
flotar to float
forzar (ue) to force
la foto(grafía) photo(graph), picture
el fraile friar
francés(esa) French
el francés French
frente (a) in front (of), before
la frente forehead
la fresa strawberry
la frontera border, boundary
fronterizo(a) border
fuera (de) out (of), outside
fuerte strong

el fuerte fort
la fuerza strength, force
fundar to found
el fútbol soccer
   el fútbol americano football
futuro(a) future
el futuro future

el gabinete cabinet
la galantería compliment
el/la ganador(a) winner
ganar to win, earn
   ganarse la vida to earn a
   living
garantizar to guarantee
el garrote stick, club
gastar to spend
general general
   por lo general generally,
   usually
generalmente usually, generally
la gente people
el/la gobernador(a) governor
el gobierno government
el golpe blow
golpear to hit
la grabadora tape recorder
grabar to (tape) record
gracias thank you
el grado degree
grande big, large
Grecia Greece
gritar to shout, scream
el grito scream, cry
la guerra war
el guerrero warrior
la guía guide
gustar to be pleasing, like
el gusto taste, pleasure
   mucho gusto nice to meet you
   con mucho gusto with
   pleasure

H

haber *(aux.)* to have
había there was, there were
el/la habitante inhabitant
habitar to inhabit
el habla *(f.)* speech
 habla española Spanish-
  speaking
 hablar to speak, talk
 hace (cuatro siglos) (four
  centuries) ago
 hacer to make, do
  hacer caso de to pay
   attention to something
  hacerle caso a to pay
   attention to someone
  hacer cuentas to calculate
  hacer las paces to make
   peace
  hacer una cita to make an
   appointment
  hacer prisionero to imprison
 hacerse to become; pretend
 hacia toward
la hacienda ranch
el hambre *(f.)* hunger
 tener hambre to be hungry
 hasta until; even
 hay there is, there are
 hecho(a) made, done
el hecho fact
el helado ice cream
la herencia heritage
la herida wound
 herido(a) wounded
el/la hermano(a) brother; sister
 los hermanos siblings;
  brothers
 hermoso(a) beautiful
la hermosura beauty
el héroe hero
el heroísmo heroism
el hidalgo nobleman

la hierba herb
el/la hijo(a) son; daughter
 los hijos children, sons and
  daughters
la historia history
el/la historiador(a) historian
la hoguera bonfire
 hola hello
el hombre man
el honor honor
 honrar to honor
la hora hour
 hospedado(a) housed, lodged
 hostil hostile
 hoy today
 hoy (en) día today, at present
la huerta orchard
el huerto fruit or vegetable garden
el hueso bone
 huir to flee
 humano(a) human
  el ser humano human being
 humilde humble
 hundir to sink

el idioma language
la iglesia church
 ilustre illustrious, celebrated
 impaciente impatient
el imperio empire
la importancia importance
 importar to be important; matter
 impresionar to impress
 independizarse (de) to win
  independence (from)
 indígena native
el/la indio(a) native
la industria industry
la información information
 informar to inform
el/la ingeniero(a) engineer
 Inglaterra England

inglés(esa) English
el inglés English
iniciar to start, begin
el inicio beginning, start
inmediatamente immediately
la instrucción instruction
integrar make up
la inteligencia intelligence
la intención intention
el intento attempt, try
intercambiar to exchange
interceder to intercede,
intervene
el interés interest
interesante interesting
interesar to interest
interior interior, inner
el interior interior, inside
el/la intérprete interpreter
invadir to invade
la invasión invasion
el/la invasor(a) invader
el invierno winter
el/la invitado(a) guest
invitar to invite
ir to go
Irlanda Ireland
irse to go away

el jardín garden
la jarra earthen jar, jug
joven young
el/la joven young man, young woman
los jóvenes young people
el juego game
el jueves Thursday
el/la juez(a) judge
el/la jugador(a) player
jugar (ue) to play
el juicio judgment
julio July
junio June

junto (a) near, close to
junto con along with

la the; her, it
la que the one that
el lado side
el ladrillo brick
el ladrón thief
el lago lake
lanzar to launch
el lápiz pencil
largo(a) long
las the; them
lavar to wash
le to him, to her, to you
la leche milk
el lecho bed
leer to read
lejos (de) far (from)
la lengua language, tongue
el lenguaje language
la leña firewood
les to them, to you
la ley law
la leyenda legend
liberar to free
la libra pound
librar (una batalla) to fight (a
battle)
libre free
el libro book
el liderazgo leadership
la limosna charity
pedir limosna to beg
lindo(a) pretty
listo(a) clever, smart
estar listo(a) to be ready
ser listo(a) to be clever
la llama flame
la llamada call
llamar to call
llamar a la puerta to knock
on the door

llamarse to be named
la llave key
    cerrar con llave to lock
la llegada arrival
    llegar to arrive
    llegar a ser to become
    llenar to fill
    llenarse (de) to become full (of)
    lleno(a) full
    llevar to carry, take; wear
    llorar to cry
        llorar su derrota to cry over
          his defeat
    llover (ue) to rain
la lluvia rain
    lo him, it
        lo primero the first thing
    loco(a) crazy
        volverse (ue) loco(a) to go
          crazy
    lógicamente naturally
    lograr to accomplish, manage
    los the; them
la loza slab
    luchar to fight
    luego later, then
el lugar place
    lujoso(a) luxurious
el lunes Monday
el luto mourning
        de luto in mourning
la luz light

la madre mother
    maduro(a) ripe
    magnífico(a) magnificent
el maíz corn
el mal evil
    malo(a) evil, bad
    maltratar to mistreat
el maltrato mistreatment
la mamá mother

    mandar to send; order
el mando command
        al mando de under the
          command of
la manera manner, way
la manifestación protest
el/la manifestante protester
el manjar delicacy
la mano hand
    mantener to maintain, support
    mantenerse to support oneself
la manzana apple
la mañana morning; tomorrow
        por la mañana in the morning
        a la mañana siguiente the
          next morning
el mapa map
el mar sea
la marcha march
el marido husband
el/la marinero(a) sailor
la mariposa butterfly
    marrón brown
el martes Tuesday
    más more
        más que more than
    a masa mass
la matanza slaughter
    matar to kill
        matar de hambre to kill by
          starvation
las matemáticas mathematics
    mayo May
    mayor greater, principal, main
        el mayor the oldest
        hermano mayor oldest
          brother
        persona mayor elder
la mayoría majority
    me me, to me
el médico physician
el mediooeste midwest
    mejor better, best
    mejorar to improve

la **memoria** memory
   de memoria by heart
   aprender de memoria to memorize
menor smaller, lesser
   el hermano menor younger brother
menos less
el/la **mensajero(a)** messenger
el **mercado** market
el **mes** month
la **mesa** table
el **mesón** inn
la **meta** goal
meter to put in
   meter la pata to put one's foot in one's mouth
mexicano(a) Mexican
mezclar to mix
mi(s) my
mí me
el **miedo** fear
   tener miedo (de, a) to be afraid (of)
el **miembro** member
mientras (que) while, as
   mientras tanto meanwhile
el **miércoles** Wednesday
mil thousand
militar military
el **minuto** minute
mío(a) mine
mirar to look at
la **misa** mass
el/la **misionero(a)** missionary
mismo(a) same
la **mitad** half
moderno(a) modern
molestar to bother, annoy
el/la **molinero(a)** miller
el **molino** mill
el **momento** moment
la **moneda** coin
la **montaña** mountain

montar to mount, ride
   montar a caballo to ride horseback
morir (ue, u) to die
el/la **moro(a)** Moor
mostrar (ue) to show
la **moto(cicleta)** motorcycle
mover (ue) to move
el **mozo** servant, young man
   el mozo de caballeriza stableman
el/la **muchacho(a)** boy; girl
mucho(a) much, a lot of; many
el **mueble** piece of furniture
   los muebles furniture, furnishings
la **muerte** death
el/la **muerto(a)** dead man; dead woman
mundial world
el **mundo** world
la **música** music
muy very, too

nacer to be born
nacido(a) born
la **nación** nation
nada nothing
nadie no one, nobody
la **nariz** nose
la **natación** swimming
la **navegación** navigation
necesitar to need
necio(a) stupid
negarse (a) to refuse (to)
el **negocio** business
negro(a) black
ni neither, nor
   ni... ni neither . . . nor
   ni siquiera not even
ninguno(a) none
el/la **niño(a)** boy; girl
   los niños children

el **nivel** level
    el **nivel universitario** college
    level
la **noche** night
  nombrar to name, appoint
el **nombre** name
el **norte** north
  nos us, to us
  nosotros(as) we; us
  notar to notice
la **noticia** news, information
la **novela** novel
  noviembre November
el/la **novio(a)** boyfriend; girlfriend
  nuestro(a) our; ours
  nuevo(a) new
el **número** number
  nunca never

  o or
  obligar to force
la **obra** work
  obtener to obtain
la **ocasión** occasion, opportunity
  ocho eight
  ocurrir to occur, happen
  odiar to hate
el **oeste** west
la **oferta** offer
el/la **oficial** officer
  ofrecer to offer
el **oído** ear
  oír to hear
el **ojo** eye
  olvidar to forget
  once eleven
  oponer to oppose
la **oportunidad** opportunity
  oportuno(a) opportune,
  appropriate
el/la **opositor(a)** opponent
la **oración** prayer

el **orden** order
  a sus órdenes at your service
  ordenar to order
  orgulloso(a) proud
  oriental eastern
el **origen** origin
la **orilla** shore
el **oro** gold
  orondo(a) jaunty, cocky
la **oscuridad** darkness
  oscuro(a) dark
el **otoño** autumn. fall
  otro(a) another, other
  al otro día the next day

el **padre** father; priest
  los padres parents
  pagar to pay
el **país** country, nation
la **paja** straw
el **palacio** palace
el **palo** stick
las **palomitas de maíz** popcorn
el **pan** bread
el **pandero** tambourine
la **pantalla** screen
el **papá** father
el **par** pair
  para for, to, toward, in order to
  parar to stop
  parecer to look like, resemble
  parecido(a) similar
la **pared** wall
el/la **pariente** relative
el **parque** park
la **parrilla** grate
la **parte** part
  participar to participate
  particular private, individual,
  particular
el **partido** game; (political) party
  partir to depart, leave
  pasado(a) past, last

el **pasado** past
pasar to pass, spend, happen
el **pasatiempo** pastime
pasear to take a walk, stroll
la **pata** foot, paw (animals)
    meter la pata to put one's foot
    in one's mouth
la **patria** fatherland
el/la **patriota** patriot
patriótico(a) patriotic
el **pedazo** piece
pedir (i, i) to ask for
    pedir limosna to beg
pegar to hit, strike
pelear to fight
la **película** film, movie
peligroso(a) dangerous
el **pelo** hair
pensar (ie) to think, plan
peor worse, worst
pequeño(a) small, little
perder (ie) to lose
la **pérdida** loss
perfectamente perfectly
el **periódico** newspaper
permanecer to stay, remain
pero but
el **perro** dog
la **persona** person
el **personaje** character
el **pesar** grief, regret
    a pesar de in spite of
picaresco(a) picaresque
el **pícaro** rogue, rascal
el **pie** foot
la **piedra** rock, stone
la **pierna** leg
la **pirámide** pyramid
el **piso** floor; story (in a building)
la **pizarra** blackboard
el **placer** pleasure
el **plan** plan
planear to plan
el **plano** plan
la **plata** silver; money

la **playa** beach
la **plaza** city square
la **pluma** pen
la **población** population
poblado(a) populated
pobre poor
la **pobreza** poverty
poco(a) little, not much; few
poder (ue) to be able to, can
el **poder** power
poderoso(a) powerful
el **poema** poem
la **poesía** poetry
el/la **poeta** poet
político(a) political
poner to put, place
    poner excusas to make
    excuses
ponerse to put on, to become
por by, on behalf of, through, for,
    because of
    por ejemplo for example
    por eso therefore
    por fin finally
    por favor please
    por lo general in general
    por medio de by means of
¿por qué? why?
porque because
practicar to practice; to play
práctico(a) practical
precioso(a) gorgeous, precious
preferido(a) preferred, favorite
preferir (ie, i) to prefer
el/la **pregonero(a)** town crier
la **pregunta** question
preguntar to ask (a question)
preliminar preliminary
el **premio** prize
preocuparse (de) to worry
    (about)
preparar to prepare
prepararse to prepare oneself
presentar to present
el/la **presidente(a)** president

prestado(a) borrowed
presumido(a) presumptuous
pretender to intend
la primaria elementary school
la primavera spring
primero(a) first
el principal main, principal
el principio beginning
al principio in the beginning
el/la prisionero(a) prisoner
hacer prisionero to imprison
probar (ue) to test; try (on);
prove; taste
proclamar to proclaim, announce
producir to produce
el/la profesor(a) teacher
la promesa promise
prometer to promise
pronto soon, quickly
pronunciar to pronounce
propio(a) own
proponer to propose
la propuesta proposition, proposal
la protección protection
proteger to protect
próximo(a) next, close to
público(a) public
el pueblo town, village
el puente bridge
la puerta door
el puerto harbor, port
puertorriqueño(a) Puerto Rican
el puesto job position, post
puesto que since
el punto point, period
el pupitre student desk

que that, who, which, what
¿qué? what?
¡qué bueno! how nice!, good!
quedar to be left, be located
quedarse to stay, remain
quejarse to complain

quemar to burn
querer (ie) to want, wish, love
querer decir to mean
querido(a) dear, beloved
el queso cheese
quien who, which
¿quién? who?
la química chemistry
quince fifteen
quinto(a) fifth
quizá(s) maybe, perhaps

el racimo (de uvas) bunch (of
grapes)
la raíz root
rápido(a) fast, rapid
el rato short time, little while
el ratón mouse
la ratonera mousetrap
la raya stripe, line
a rayas striped
la raza race
la razón reason, cause
tener razón to be right
el real former Spanish silver coin
la rebelión rebellion
recibir to receive
recitar to recite
reconstruir to rebuild
el recreo recreation
el recuerdo memory
la redacción composition
reemplazar to replace
el refresco soft drink
regalar to give as a gift to
el regalo gift
la región region
regresar to return
rehusar to refuse
la reina queen
el reino kingdom, reign
reírse (i) (de) to laugh (at)
la relación relation

el **relámpago** lightning bolt
el **reloj** clock, watch
el **remedio** remedy, medicine
la **rendición** surrender
  rendirse (i, i) to surrender
el **repente** sudden movement
    de repente suddenly
  reponer replace
  representar to represent
  resolver (ue) to solve; resolve,
    decide
  responder to respond, answer
la **respuesta** answer, reply
el **resultado** result
  resultar to result
la **retirada** retreat
la **reunión** meeting, reunion
  reunirse to meet, gather
el **rey** king
  rezar to pray
  rico(a) rich
el **rincón** corner
el **río** river
la **riqueza** riches, wealth
  robar to steal
  rogar (ue) to beg, pray
  rojo(a) red
  romper to break
  roncar to snore
la **ropa** clothing
  rosado(a) pink
el **rostro** face
  rubio(a) blond; blonde
el **ruido** noise
la **ruina** ruin
  rumbo a bound for

el **sábado** Saturday
  saber to know
  sacar to take out, bring out
    sacar fotos to take photos
el **sacerdote** priest
el **saco** sack, bag

  sacrificar to sacrifice
la **sala** living room
la **salchicha** sausage
  salir to go out, leave
el **salón de actos** auditorium
  saltar to jump
la **salud** health
  saludar to greet
  sanguinario(a) bloody
  sano(a) healthy
la **satisfacción** satisfaction
  satisfecho(a) satisfied
la **secundaria** high school
la **sed** thirst
  seguir to follow
  según according to
  segundo(a) second
la **seguridad** assurance, safety
  seguro(a) sure; safe
  seis six
la **semana** week
    el fin de semana weekend
  sentarse (ie) to sit down
el **sentido** sense; consciousness
  sentir (ie, i) to feel
    sentir lástima (de, por) to
      feel sorry (for)
el **señor** sir, Mr., gentleman
la **señora** Mrs., Ms., madam
la **señorita** Miss, Ms.
  separar(se) to separate (oneself)
  septiembre September
  ser to be
    llegar a ser to become
el **ser** being
    el ser humano human being
la **serpiente** serpent
el **servicio** service
el/la **servidor(a)** servant
  servir (i, i) to serve
  sesenta sixty
  sexto(a) sixth
  si if
  sí yes
  siempre always

el **siglo** century
significar to mean
siguiente following
silbar to whistle
la **silla** chair
el **sillón** armchair
sin without
  sin embargo however, nevertheless
el **sindicato** union
sino but, except
el/la **sinvergüenza** scoundrel, crook
el/la **sirviente(a)** servant
sitiar to besiege
el **sitio** siege; place
sobre over; about, on
  sobre todo above all, especially
el **sobre** envelope
sobrevivir survive
el **sol** un
solamente only
el **soldado** soldier
sólo only
solo(a) alone, single
soñar (ue) to dream
la **sopa** soup
soportar to bear
sorprendido(a) surprised
la **sorpresa** surprise
  fiesta sorpresa surprise party
sospechar to suspect
su his, her, their, your
la **subasta** auction
sublevarse to revolt
el **suceso** event, happening
sucio(a) dirty
el **sudoeste** southwest
Suecia Sweden
el **suelo** floor, ground
el **sueño** dream
la **suerte** luck
el **sufrimiento** suffering
sufrir to suffer, endure
Suiza Switzerland

supersticioso(a) superstitious
el **sur** south
sus their, your

la **tabla** board, plank
  la **tablilla** small board
tal such, as, so
  tal vez maybe
el **tamaño** size
también too, also
tampoco neither, not either
tan so, so much, as much
  tan... como as ... as
tanto(a) so much; so many
tapar to cover
tarde late
la **tarde** afternoon
te you, to you
el **teatro** drama, theater
el **techo** roof
la **teja** tile
la **tela** cloth, fabric
el **teléfono** telephone
temblar (ie) to tremble, shake
temer to fear
el **templo** temple
tener to have
  tener... años to be ... years old
  tener ganas (de) to want (to)
  tener lugar to take place
  tener miedo (de) to be afraid (of)
  tener que to have to
  tener razón to be right
tercero(a) third
terminar to finish, to end
el **terremoto** earthquake
el/la **tesorero(a)** treasurer
el **tesoro** treasure
el **tiempo** time; weather
la **tienda** store
tiernamente tenderly

la **tierra** land
la **tinta** ink
el **tipo** type, sort
   tirar to throw (away)
   tocar to touch
      tocar a la puerta to knock on
       the door
   todavía still, yet
   todo(a) all
      todos everyone, everybody
   tomar to take; drink
   tonto(a) foolish, stupid
la **tormenta** storm
el **toro** bull
   trabajar to work
el **trabajo** work
   traducir to translate
   traer to bring
la **traición** treason, betrayal
   traicionar to betray
el/la **traidor(a)** traitor
   tranquilo(a) quiet, tranquil
   tratar to try; treat
el **trato** treatment
   travieso(a) mischievous
   trece thirteen
   treinta thirty
   tren train
   tres three
      de tres en tres three at a time
la **tribu** tribe
la **tripa** intestine
   triste sad
la **tristeza** sadness
la **tropa** troop
el **trueno** thunder
   tu(s) your
   tú you
   tupido(a) thick
el/la **turista** tourist
   turístico(a) tourist
   Turquía Turkey
   tuyo(a) yours

   último(a) last
      por último finally, lastly
   único(a) sole, single, only
   unir to unite, join
la **universidad** university
   uno(a) a, an; one
   unos(as) some, a few
la **uña** nail, hoof, claw
   usar to use
   usted you
      ustedes you
   utilizar to utilize
la **uva** grape

la **vaca** cow
la **vacación**
      estar de vacaciones to be on
       vacation
la **valentía** courage, bravery
   valiente brave, courageous
   varios(as) various
   vasallo vassal
el/la **vecino(a)** neighbor
   veinte twenty
   vender to sell
la **venganza** revenge
   vengarse (de) to take vengeance
   venir to come
la **ventana** window
   ver to see
el **verano** summer
las **veras** fact
      de veras really, indeed
la **verdad** truth
      de verdad really, indeed
      es verdad that's true
   verdadero(a) real, true
   verde green
la **verdura** vegetable
   verídico(a) actual

el **vestido** dress
vestirse (i, i) to dress, get
dressed
la **vez** time, occasion
a veces sometimes
una vez once, on one occasion
viajar to travel
el **viaje** trip
la **vida** life
viejo(a) old
el/la **viejo(a)** old man; old woman
el **viernes** Friday
el **vino** wine
la **visita** visit; visitors, guests
tener visita to have guests
visitar to visit
la **vista** view, sight
el/la **viudo(a)** widower; widow
vivir to live
el **vocabulario** vocabulary

el **volcán** volcano
volver (ue) to return
volver a *(+ infinitive)* to . . .
again
volver en sí to come to
volverse to become
volverse loco(a) to go mad
la **voz** voice

y and
ya already; finally; now; right
now
yo I

el **zapato** shoe